BADEN-WÜRTTEMBERG

NOSTALGIEBAHNEN

KORBINIAN FLEISCHER

W0175854

VGB
[VERLAGSGRUPPE BAHN] | KLARTEXT

ZUM AUTOR Korbinian Fleischer, Bj. 1981, wurde schon in frühester Kindheit vom Eisenbahnvirus befallen. Die ersten Spaziergänge führten zum Bahnhof Reichenbach im Täle an der ehemaligen Tälesbahn Geislingen – Wiesensteig. Just in dieser Zeit verschwanden dort die Gleisanlagen und ein Radweg entstand auf der Bahntrasse. Über die Brio- und DUPLO-Eisenbahn und später die Märklin-Modellbahn sammelte er ab seinem 13. Geburtstag Museumsbahnerfahrung. Im Lauf der Jahre übte er (fast) alle  Tätigkeiten, die in einem Eisenbahnverein anfallen, aus. Neben seinen Museumsbahnaktivitäten gehört der gelernte Verlagskaufmann nach einem Redaktionsvolontariat zur Redaktion der Zeitschrift MODELLEISENBAHNER (MEB).

Über eine Kontaktaufnahme freut er sich immer:
Korbinian Fleischer: korbinian.fleischer@gmx.de oder Tel. 07334 / 4481

IMPRESSUM Bibliographische Information der Deutschen Bibliothek: Die Deutsche Bibliothek verzeichnet diese Publikation in der Deutschen Nationalbibliografie; detaillierte bibliographische Daten sind im Internet über http://dnb.ddb.de abrufbar.
ISBN: 978-3-8375-0918-2

© 2013 by VGB Verlagsgruppe Bahn GmbH, Fürstenfeldbruck, und Klartext Verlagsgesellschaft mbH, Essen

Alle Rechte vorbehalten
Nachdruck, Reproduktion und Vervielfältigung – auch auszugsweise und mit Hilfe elektronischer Datenträger – nur mit vorheriger schriftlicher Genehmigung des Verlages
Alle Angaben ohne Gewähr, Irrtümer vorbehalten

Autor:	Korbinian Fleischer
Titelbild:	Härtsfeldbahn im Bahnhof Sägmühle
Lektorat:	Wolfgang Schumacher, Dr. Karlheinz Haucke
Satz & Layout:	Kathleen Riesebeck
Preprint:	w&co MediaServices GmbH & Co. KG, München
Gesamtherstellung:	Griebsch & Rochol Druck GmbH & Co. KG, Hamm

BADEN-WÜRTTEMBERG

NOSTALGIE-
BAHNEN

KORBINIAN FLEISCHER

VGB
[VERLAGSGRUPPE BAHN] | KLARTEXT

Der goldene Herbst ist besonders in den Weinbergen beeindruckend.

Es gibt keine Region in Europa, die eine höhere Dichte an Museums- und Touristikbahnen zu bieten hat, als der deutsche Südwesten. Jede dieser rollenden Freilichtmuseen mit den liebevollen Namen wie Sofazügle, Sauschwänzlebahn oder Rebenbummler ist einzigartig: Die Strecken verlaufen abenteuerlich durch die Mittelgebirge oder durch Täler und Ebenen und werden mit Fahrzeugen betrieben, die teilweise seit über 100 Jahren in Betrieb sind und oftmals schon immer auf ihrer Stammstrecke im Einsatz waren. Hinter jeder Bahn steckt ein Kern aktiver Museumsbahner, die in ihrer Freizeit und mit einem sehr hohem finanziellen Einsatz dafür sorgen, dass „ihre" Bahn am Leben bleibt. Damit leisten sie und ihre Vereine nicht nur einen wichtigen Beitrag zur Erhaltung historisch wertvoller Technikgeschichte, sondern sind als Attraktion für den Tourismus von sehr großer Bedeutung. Manche Bahnstrecke hat nur durch den Museumsbahnbetrieb bis heute überlebt und wurde inzwischen als Bahnstrecke für den Regelverkehr wiederentdeckt. Auch für die Option „Güter auf die Bahn" sind diese Strecken vielleicht bald von Bedeutung, auch wenn deutschlandweit in den letzten Jahren der Güterverkehr massiv von der Schiene auf die Straße verlagert wurde.

Nutzen Sie diesen Reiseführer und besuchen Sie unsere Museumsbahnen in Baden-Württemberg – gleich am Sonntag! Ideal eignen sich die Bahnen für Vereinsausflüge, Betriebsausflüge oder den klassischen Ausflug mit Kindern oder Enkeln. Meist sind die historischen Bahnen sehr gut an den öffentlichen Nahverkehr angeschlossen, so dass Sie auch Ihrem Auto einen freien Tag gönnen können.

Gute Fahrt wünscht Ihnen

Korbinian Fleischer

Von NERESHEIM
zum Bahnhof SÄGMÜHLE

Vor der Kulisse des Klosters Neresheim dampft das Zügle gen Steinmühle.

AUF EINEN BLICK

Eröffnung:	1901 / 1906
Fahrzeit:	15 Minuten
Größte Steigung:	2,5 %
Streckenlänge:	2,8 km
Spurweite:	1000 mm
Museumszüge:	Dampf und Diesel

> (Härtsfeldsee/Katzenstein) im Bau 33,6 > (Dischingen) geplant 35,9

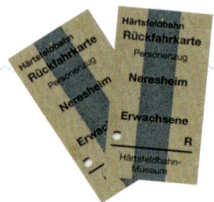

DIE „SCHÄTTERE" Quer über das Härtsfeld, von Aalen bis nach Dillingen an der Donau, führte einst die Härtsfeldbahn. 1972 wurde sie stillgelegt und wenige Monate später komplett abgebrochen. Wenige Jahre danach erinnerte fast nichts mehr an diese lieb gewonnene Bahnlinie. Aber dann geschah etwas, das es in der Eisenbahngeschichte noch nicht gegeben hatte: Die komplett demontierte Strecke wurde durch den Verein „Härtsfeldbahn-Museumsbahn" teilweise wieder zu neuem Leben erweckt.

DIE STRECKE Der heutige Ausgangspunkt der Härtsfeldbahn ist Neresheim. Der Bahnhof lag in der Mitte der ehemaligen Gesamtstrecke, rund 28 Kilometer vom ursprünglichen Ausgangspunkt Aalen entfernt. Neresheim war die Zentralstation der Bahn mit allen technischen Einrichtungen und der Verwaltung der Bahn.

Das Streckengleis der Härtsfeldbahn führt südwestlich am Lokschuppen entlang, geradeaus auf einem Bahndamm über den Klosteracker. Bei einer Baumgruppe an der heutigen L 2033 schwenkt die Bahn etwas ein, um anschließend die Straße mit einem Bahnübergang zu queren und weiter in Richtung des Flüsschens Egau abzusteigen. An der ehemaligen Steinmühle befindet sich heute ein Haltepunkt. Es folgt eine Stahlbrücke über die Egau, bevor das Gelände des ehemaligen Bahnhofs Härtsfeldwerke erreicht wird. Bis 1965 stand hier ein Kalk- und Zementwerk, das der wichtigste Güterverkehrskunde war. Von nun an sind es noch 800 Meter bis zum Bahnhof Sägmühle, dem Endpunkt der Museumsbahn im Jahr 2012. Nach dem Bahnhof folgt die Strecke dem Waldrand in Richtung Iggenhausen, wo die neuen Gleise schon liegen. Der Haltepunkt Iggenhausen liegt bei Kilometer 32,4. Einen Kilometer weiter folgt der Bahnhof Kat-

Ab dem Bahnhof Sägmühle besteht Busanschluss zur Burg Katzenstein.

Die Museumsbahn fährt nach Fahrplan. Zugführer Jürgen Ranger überwacht die pünktliche Fahrt.

zenstein, wo sich seit 1970 der künstlich angelegte Härtsfeldsee, der als Trinkwasserspeicher dient, befindet. Die ehemalige Trasse führt nun der Landesstraße L 2033 entlang und kreuzt diese kurz vor Dischingen. Der Bahnhof Dischingen, der künftige Endpunkt der Strecke, gehört schon dem Verein und ist mustergültig renoviert.

GESCHICHTE Die ursprüngliche Strecke der Härtsfeldbahn wurde in zwei Etappen erbaut. Der württembergische Streckenabschnitt von Aalen bis Ballmertshofen wurde 1901 eröffnet, die Weiterführung ins bayerische Dillingen erfolgte fünf Jahre später. Eigentümer der Nebenbahn war zunächst die Badische Lokal-Eisenbahnen AG (BLEAG), von der die Bahn im Jahre 1910 an die Württembergische Nebenbahnen AG (WN) überging. Die Strecke erschloss bis zu ihrer Stilllegung 1972 das Härtsfeld auf der östlichen Schwäbischen Alb. Bereits 1956 wurde der unwirtschaftliche Betrieb mit Dampfloks auf moderne Dieseltriebwagen umgestellt.

Für die verschiedene Eisenbahnfahrzeug-Hersteller diente die Strecke gelegentlich zur Erprobung von Fahrzeugen, die ins Ausland geliefert wurden. Die Strecke war bis zu ihrem Ende eine beliebte Ausflugsbahn. Nach der Stilllegung der „Schättere", wie die schmalspurige Bahn im Volksmund hieß, wurden die Gleise demontiert und die

Liebevoll restauriert: Der Bahnhof Dischingen, der künftige Endpunkt.

Fahrzeuge verschrottet oder an andere Bahnen verkauft. Zwei der Dampfloks konnten als Denkmal erhalten werden. Die Bahntrasse wurde teilweise in einen Wanderweg umgewandelt. 1985 bildete sich der Verein „Härtsfeld-Museumsbahn" mit dem Ziel, die Härtsfeldbahn zwischen Neresheim – Dischingen als Museumseisenbahn zu reaktivieren. „Unmöglich" war noch die mildeste Bemerkung zu diesem Plan. Nach langen Vorarbeiten und einem fünf Jahre andauernden Planfeststellungsverfahren erfolgte 1996 der erste Spatenstich zum Wiederaufbau des ersten, Teilstücks, welches dann 2001, zum 100.Geburtstag der Bahn, offiziell in Betrieb genommen wurde. Seit 2002 fahren in den Sommermonaten dampfbespannte Züge sowie Dieseltriebwagen. Eine Verlängerung der Museumsbahn an den Härtsfeldsee befindet sich seit Ende 2007 im Bau.

TRIEBWAGEN T 33

Baujahr:	1934
Leistung:	210 PS
Höchstgeschwindigkeit:	40 km/h
Länge über Puffer:	11,7 Meter
Hersteller:	Waggonfabrik Wismar
Museumstriebwagen seit:	2002
Eigentümer:	Härtsfeld-Museumsbahn e.V.

HIGHLIGHT

An einigen Betriebstagen fahren auch historische Straßenbusse

FAHRZEUGE Die Sammlung der betriebsfähigen Fahrzeuge in Neresheim umfasst viele Originalfahrzeuge. Die Dampflok 12 wurde 1913 von der Maschinenfabrik Esslingen extra für die Bedürfnisse der Härtsfeldbahn gebaut und stand hier bis 1963 im Einsatz. Danach diente sie in Heidenheim als Klettergerät für Kinder. 1986 kehrte sie nach Neresheim zurück und wurde betriebsfähig aufgearbeitet. Der Triebwagen T33 wurde von der Waggonfabrik Wismar 1934 an die Kleinbahn Bremen – Tarmstedt geliefert. 1956 übernahmen ihn die WN für die Härtsfeldbahn. In den Jahren 1961 bis 1964 erhielt er wie viele Fahrzeuge der WN einen neuen Aufbau durch die Firma Auwärter. Nach der Stilllegung war der Triebwagen noch auf der Strecke Amstetten – Laichingen im Einsatz. Der Personenwagen HMB 1 stammt von den Stuttgarter Straßenbahnen und war dort auf der Zacketse zwischen Marienplatz und Degerloch unterwegs. Er ist seit der Wiedereröffnung der Bahn im Einsatz. Seit 2006 fährt der Personenwagen HMB 5, der von der Waggonfabrik Herbrand 1909 an die Oberrheinische Eisenbahn geliefert wurde. Ein weiterer historischer Personenwagen ist der HMB 7. Er wurde für die Brünigbahn in der Schweiz von der Schweizerischen Industriegesellschaft in Neuhausen im Jahr 1888 ausgeliefert und kam 1949 ins Württembergische. Ergänzt wird der Zug durch einen Packwagen für den Fahrradtransport. Für den Triebwagen T33 ist noch ein Anhänger vorhanden. In Aufarbeitung befindet sich noch der MAN-Schienenbus T37. Für Bauzugdienste steht die Jung-Diesellok D 4 zur Verfügung. Die Dampflok 11 ist gerade in Aufarbeitung.

Am Abend wird eine Runde auf der Härtsfeldbahn mit dem Triebwagen T 33 gefahren.

DAMPFLOK 12

Baujahr:	1913
Leistung:	180 PSi
Höchstgeschwindigkeit:	30 km/h
Länge über Puffer:	6,18 Meter
Hersteller:	Maschinenfabrik Esslingen
Museumslok seit:	1994
Eigentümer:	Härtsfeld-Museumsbahn e.V.

Die Verlängerung der Härtsfeldbahn ist im Bau.

FOTOTIPPS

○ Nach dem Bahnhof Neresheim mit Kloster → Seite 9, 13

○ Bahnhof Sägmühle → Seite 15

 ANREISE

Die Härtsfeldbahn ist die einzige Museumsbahn in Baden-Württemberg, die nicht mit dem Zug erreichbar ist. Mit dem Bus erreicht man Neresheim von Aalen. Abfahrt ist in Aalen am Busbahnhof vor dem Bahnhof auf Bussteig Nr. 7. Die Anzahl der Busverbindungen nach Neresheim

hält sich stark in Grenzen, an Sonn- und Feiertagen verkehrt der erste Bus erst am Nachmittag.

Fahrplanauskünfte erhält man unter www. bahn.de (auch für den Bus). Zielhaltestelle ist Neresheim-Post, in Sichtweite des Bahnhofs. In den Bussen gilt der Tarif der Tarifgemeinschaft Ostalbmobil. Auch das Baden-Württemberg-Ticket und das Metropoltagesticket ist in den Bussen gültig. Natürlich ist Neresheim auch mit dem Fahrrad erreichbar. Allerdings bedarf es einer gewissen Kondition, um die steigungsreiche Strecke zu überwinden. Die ausgeschilderte Route mit dem Namen „HärtsfeldTour" führt vom DB-Bahnhof Heidenheim-Schnaitheim über Kleinkuchen nach Neresheim.

STRECKENKARTE – Härtsfeldbahn

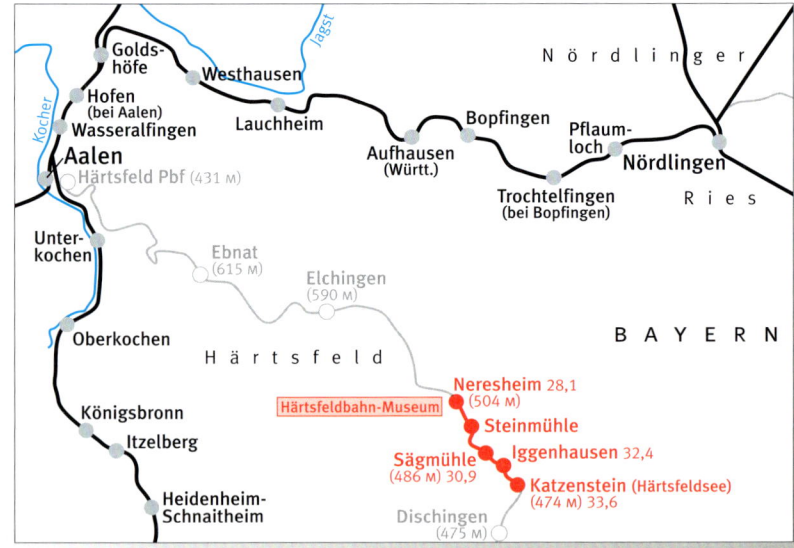

Noch Endstation: Bahnhof Sägmühle. Ab 2014 fahren die Dampfzüge wieder bis Katzenstein.

IM EINSATZ Die schmalspurige Härtsfeldbahn verkehrt an jedem 1. Sonntag in den Monaten Mai bis Oktober sowie an den Feiertagen im Mai und Juni. Im August findet immer die Neresheimer Bahnhofhockete statt. Auch am Tag des Stadtfestes in Neresheim sowie am Tag des offenen Denkmals verkehren die Züge auf der Bahn.

 FAHRKARTEN

Die Fahrkarten für den Zug erhält man am Schalter im Bahnhof Neresheim. Für Familien gibt es eine Familienfahrkarte, für Vielfahrer eine Tageskarte, mit der alle Züge den ganzen Tag über mehrmals genutzt werden können. Im Preis inbegriffen ist der Besuch des Härtsfeldbahnmuseums

im ersten Obergeschoss des Neresheimer Bahnhofsgebäudes (Hintereingang). Hier findet man zahlreiche Erinnerungsstücke und Bilder der ehemaligen Härtsfeldbahn.

 KONTAKT

Härtsfeld-Museumsbahn
Betriebsstelle:
Dischinger Straße 11
73450 Neresheim
Geschäftsstelle:
Postfach 9126
73416 Aalen
Tel. an Betriebstagen:
07326 / 5755
Mobil: 0172 / 9117193
E-Mail: information@hmb-ev.de
www.hmb-ev.de

Von AMSTETTEN
nach GERSTETTEN

Frühzeitig ausgebucht sind die jährlichen Nikolausdampfzüge. Zwischen Gussenstadt und Waldhausen erreicht der Zug die „Eiferle-Tanne", die nach dem Lokführer Karl Eiferle benannt wurde. 1978 blieb hier der Zug mit Dampflok 86 346 im Schnee stecken.

STRECKE (km):   Amstetten 0,0 > Stubersheim 5,1 > Schalkstetten 7,4 > Waldhausen 10,0

AUF EINEN BLICK

Eröffnung:	1906
Fahrzeit:	55 Minuten
Größte Steigung:	2,5 %
Streckenlänge:	19,9 km
Spurweite:	1435 mm
Museumszüge:	Dampf, Diesel

DIE LOKALBAHN An der berühmten Geislinger Steige gelegen findet man die Gemeinde Amstetten, die bei Eisenbahnfreunden nicht nur wegen der Steilstrecke überregional bekannt ist. Bis 1985 war Amstetten ein kleiner Eisenbahnknotenpunkt. Die schmalspurige Bahnstrecke nach Laichingen und die normalspurige Strecke nach Gerstetten zweigten dort ab und boten der Bevölkerung auf der rauen Alb den Anschluss an die große Eisenbahn. Während die Schmalspurbahn nur noch bis Oppingen als Museumsbahn in Betrieb ist, konnte die Lokalbahn nach Gerstetten komplett erhalten werden.

DIE STRECKE Die normalspurige Nebenbahn Amstetten – Gerstetten startet im Lokalbahnhof Amstetten und wird heute durch die Sektion UEF Lokalbahn Amstetten – Gerstetten e.V. der Ulmer Eisenbahnfreunde e.V. betrieben. Amstetten hat seit dem Eisenbahnbau zwei Ortskerne: Den ursprünglichen Ort Amstetten-Dorf und den mit dem Bau der Hauptbahn Stuttgart – Ulm und seinen beiden abzweigenden Nebenbahnen entstandene Ort Amstetten-Bahnhof. Die Lokalbahn verlässt Amstetten in Richtung Osten durch den „Deutschen Wald". Es folgt die Stubersheimer Steige. Die Strecke gewinnt schnell an Höhe, bevor auf der in Fahrtrichtung

> Gussenstadt 14,6 > (Gussenstadt-Siedlung) 15,2 > Gerstetten 19,9

linken Seite das ehemalige Bundeswehr-depot zu sehen ist. Hier ist die Dampflok 75 1118 der Lokalbahn untergebracht. Der Bundeswehr ist es zu verdanken, dass die Strecke in den 1980er-Jahren überlebt hat. Am Ende der Steigung erreicht der Zug den Bahnhof Stubersheim. Von dort geht es über die Stubersheimer Alb, eine typische Kuppenalb, über Schalkstetten, Waldhausen (bei Geislingen) nach Gussenstadt und Gerstetten. Im Endbahnhof befindet

sich das Eisenbahn- und Riffmuseum im Bahnhofsgebäude, das an Fahrtagen geöffnet hat.

GESCHICHTE 1906 konnte der erste Teil der Bahn von Amstetten bis nach Gerstetten eröffnet werden. Zu einem geplanten Weiterbau der Strecke nach Herbrechtingen kam es jedoch nicht mehr. Für den Bahnbetrieb standen zwei Dampfloks in Gerstetten zur Verfügung, die jedoch heute nicht mehr erhalten sind. Bereits 1956 kam deren Ablösung in Form des Dieseltriebwagens T 05 der Waggonfabrik Fuchs. Dieser Triebwagen konnte auch Güterwaggons schleppen. Er war bis 1996 das Stammfahrzeug der

HIGHLIGHT

Fahrt über die Stubersheimer Steige

Der Museumstriebwagen T 06 wartet im restaurierten Bahnhof Gussenstadt auf Reisende.

Die badische Tenderdampflok 75 1118 von 1921 ist die Stammlok der Lokalbahn.

Lokalbahn und sollte eigentlich durch die Eisenbahnfreunde übernommen werden. Leider wurde er bei einem Unfall auf der Kochertalbahn Gaildorf – Untergröningen schwer beschädigt und später verschrottet. Der heute im Museumsverkehr laufende Triebwagen T 06 ist im Wesentlichen baugleich. Ab 1976 kamen erneut Dampfzüge auf die Lokalbahn: Die Ulmer Eisenbahnfreunde führten mit der Tenderdampflokomotive 86 346 Sonderfahrten durch, aus denen sich ab 1982 regelmäßiger Museumsverkehr entwickelte. Die Württembergische Eisenbahngesellschaft versuchte in mehreren Anläufen ab 1985, die Lokalbahn stillzulegen. Dank der Zuschüsse der Gemeinden und der Bundeswehr konnte der Betrieb jedoch aufrechterhalten werden. 1995 wurde dann schließlich zuerst der Personenverkehr, wenige Monate später auch der Güterverkehr eingestellt. Nach

zunächst unsicherer Zukunft konnten die Ulmer Eisenbahnfreunde e.V. die Gleisanlagen erwerben.

FAHRZEUGE Im Museumsbahnverkehr fahren die Dampflok 75 1118 und ein Konglomerat verschiedener Plattformwagen unterschiedlicher Herkunft. 75 1118 wurde

DIESELTRIEBWAGEN T 06

Baujahr:	1956
Leistung:	2 x 154 PS
Höchstgeschwindigkeit:	60 km/h
Länge über Puffer:	13,4 Meter
Hersteller:	Waggonfabrik Fuchs
Museumstriebwagen seit:	2001
Eigentümer:	UEF Lokalbahn e.V.

2014 wird die erste Dampflok der Ulmer Eisenbahnfreunde e.V., 98 812, hundert Jahre alt und soll dann wieder fahren. Hier ist sie gerade im Deutschen Wald bei Amstetten unterwegs.

1921 von der Maschinenbaugesellschaft Karlsruhe gebaut und stand bis 1967 bei der Deutschen Bundesbahn unter Dampf. Sie ist die letzte Vertreterin der badischen VIc. Die Personenwagen stammen von der Deutschen Bundesbahn (DB) und den Österreichischen Bundesbahnen (ÖBB). Auf der Lokalbahn ist ebenso die 98 812 zu Hause. Sie ist die erste Lokomotive der Ulmer Eisenbahnfreunde und wird aktuell aufgearbeitet, so dass sie 2014 wieder unter Dampf beobachtet werden kann. Im Touristikverkehr läuft der Fuchs-Triebwagen T 06 in den Sommermonaten zwischen Amstetten und Gerstetten. Ergänzt wird die Fahrzeugvielfalt durch zwei blaue Werkslokomotiven, die früher bei der Firma Voith in Heidenheim im Einsatz standen.

DAMPFLOK 75 1118

Baujahr:	1921
Leistung:	790 PSi
Höchstgeschwindigkeit:	90 km/h
Länge über Puffer:	12,7 Meter
Hersteller:	Maschinenbaugesellschaft Karlsruhe
Museumslok seit:	1988
Eigentümer:	Universität Karlsruhe

Mit Volldampf geht die Fahrt von 75 1118 durch den Wald zwischen Stubersheim und Schalkstetten.

FOTOTIPPS

○ Im Deutschen Wald zwischen Amstetten und Stubersheim
→ Seite 20

○ Bahnhof Gussenstadt → Seite 18 (nur Triebwagen auf der Rückfahrt am Nachmittag)

ANREISE

Die Anreise erfolgt über den Zielbahnhof Amstetten (Württ.). Dort halten alle Regionalbahnen und Regionalexpress-Züge aus Richtung Stuttgart und Ulm mindestens im Stundentakt.

IM EINSATZ Die Dampfzüge und der Dieseltriebwagen T 06 verkehren von Mai bis Oktober an Sonn- und Feiertagen im Wechsel auf der Lokalbahn. Anfang Dezember finden Nikolausdampfzugfahrten statt, die oftmals bereits im August ausgebucht sind.

FAHRKARTEN

Im Dieseltriebwagen sind alle Regelfahrscheine gültig, wie zum Beispiel das Baden-Württemberg-Ticket, das Schöne-Wochenende-Ticket sowie die Tageskarten der Heidenheimer Tarifgemeinschaft (htv) und des DING-Verkehrsverbundes. Wer mit diesen Fahrscheinen zu den Dampf-

STRECKENKARTE – Lokalbahn

An allen Fahrtagen ist das Eisenbahnmuseum im Bahnhof Gerstetten geöffnet.

züge reist, erhält beim Zugpersonal die Dampfzugfahrkarten ermäßigt. Alle Fahrscheine sind bei den Schaffnern im und am Zug erhältlich.

 KONTAKT

UEF Lokalbahn
Amstetten – Gerstetten e.V.
Familie Berka
Waldstraße 11
89284 Pfaffenhofen-Roth
Tel. 07302 / 6306
E-Mail: lokalbahn@uef-dampf.de
www.uef-dampf.de

Der Lokführer und das Zugbegleitpersonal pausieren im Schatten des Bahnhofs Gerstetten.

Von Amstetten
nach OPPINGEN

An zwölf Tagen im Jahr verkehren öffentliche Dampfzüge zwischen Amstetten und Oppingen.

STRECKE (km):   Amstetten 0,0 > Oppingen 5,7

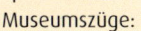

AUF EINEN BLICK

Eröffnung:	1901
Fahrzeit:	25 Minuten
Größte Steigung:	2,9 %
Streckenlänge:	5,7 km
Spurweite:	1000 mm
Museumszüge:	Dampf, Diesel

DAS ALB-BÄHNLE Amstetten liegt am Scheitelpunkt der Geislinger Steige. Von Amstetten gehen zwei Nebenstrecken ab, die normalspurige Lokalbahn nach Gerstetten und die Schmalspurbahn nach Laichingen, die heute noch bis Oppingen als Museumsbahn in Betrieb ist.

DIE STRECKE Das Alb-Bähnle startet am Bahnhof Amstetten (Württ.). Am Scheitelpunkt der Geislinger Steige befindet sich der Bahnhof Amstetten und der dazugehörige Ortsteil Amstetten-Bahnhof. Doch der Ort liegt nicht, wie oftmals vermutet, auf der Hochfläche der Schwäbischen Alb. Den eigentlichen Aufstieg auf die Albhochfläche vollbringen die beiden Zweigstrecken nach Oppingen und Gerstetten. Die Fahrt nach Oppingen zeigt dabei zwei herausragende Landschaftselemente der Alb: Zum einen ein enges Trockental und zum anderen die weite Kuppenalb auf der Höhe vor Oppingen. In Amstetten nimmt die Fahrt gegenüber dem Bahnhof der Hauptbahn ihren Ausgang. Das Alb-Bähnle rollt zunächst südlich, parallel zur Hauptbahn, in Richtung Ulm und überquert dabei die Verbindungsstraße nach Amstetten-Dorf. In einem Bogen geht es in einem kurzen gesprengten Einschnitt durch eine Geländenase, deren helles Weißjuragestein die geologische Beschaffenheit der Alb sicht-

bar macht. Anschließend schwenkt die Schmalspurbahn in einer großen S-Kurve rechts ins Duital ab. Links sieht man das Anfang der 80er-Jahre erbaute Werk der Heidelberger Druckmaschinen AG. Auf der in Fahrtrichtung rechten Seite zeigt sich eine typische Wacholderheide der Schwäbischen Alb. Es folgt der Bahnübergang der Verbindungsstraße nach Amstet-

Bis 1985 wurden normalspurige Güterwagen auf Rollböcken über die Schmalspurgleise ihren Empfängern zugestellt.

ten-Dorf. Die bisher nur leicht ansteigende Strecke wechselt nun ihren Charakter und wird zu einer Steilstrecke. Die Steigung von 1:35, das ist ein Meter Anstieg auf 35 Längenmetern (2,9 %), ist für die Dampfmaschine harte Arbeit. Die Geislinger Steige zwischen Geislingen und Amstetten der Hauptstrecke Stuttgart – Ulm hat nur eine Steigung von 1:43 (2,3 %).

Nach Passieren eines weiteren Einschnittes hat sich die Szenerie stark verändert: Das Duital, ein typisches Trockental der Schwäbischen Alb, hat die Bahnstrecke ganz aufgenommen, und am oberen Rand des Sonnenhangs fügt sich der Bahnkörper mit dem weißen Schotterbett so schmal und unauffällig ein, als würde er schon immer dazugehören, bevor sich das Tal vollends zu einer dunklen Waldklinge verengt. Nach ein paar hundert Metern weicht der Wald zurück, die Fahrstraße nach Reutti wird überquert und das Tal weitet sich mit Wiesen und einzelnen Büschen zu einem immer größeren Panorama. Wie ein grüner Tunnel wölben sich für einige Augenblicke kräftige Buchenkronen über den Wagendächern. Mit geschwungener Linienführung folgt das Gleis jetzt dem linken Talrain, während der Wald weit zurückgetreten ist. Dann ist der kleine Bahnhof von Oppingen in Sichtweite. Der Oppinger Kirchturm kündet von der Existenz des Dorfes. Der kleine Bahnhof mit seinen zwei Gleisen wird nun deutlich erkennbar. Für die Museumsbahn ist hier das Ende der Strecke. Die Gleise ab Oppingen bis zum ehemaligen Endpunkt Laichingen wurden 1985 entfernt.

GESCHICHTE Bereits ab 1870 gab es Bestrebungen, die auf der Hochfläche der Alb liegenden Ortschaften Laichingen, Merklingen und Nellingen an das Eisenbahnnetz anzuschließen. Insbesondere der aufstrebende Ort Laichingen und die umliegende Leinen- und Bettwäscheindustrie erhofften sich durch einen Bahnanschluss bessere Entwicklungs- und Absatzchan-

Erst 1986 wurde die Diesellok D 8, die ürsprünglich im VEB Kupferkombinat „Wilhelm Pieck" in Helbra im Einsatz stand, gebaut.

cen. Die Königlich-Württembergische Staatsbahn lehnte den Bau der Bahn aus wirtschaftlichen Gründen ab, war doch eine Rentabilität der Strecke kaum zu erwarten. Inzwischen hatte sich 1899 die Württembergische Eisenbahngesellschaft gebildet, die das Projekt eines Bahnbaues von Amstetten nach Laichingen aufgriff und bei der Verkehrsabteilung des Königlichen Ministeriums für auswärtige Angelegenheiten die Konzession für die Strecke beantragte. Im Juni 1900 konnte mit den Bauarbeiten begonnen werden. Mit einem großen Festakt wurde die Eröffnung der Bahn im Herbst 1901 gefeiert. Die Nebenbahn Amstetten – Laichingen war eine reine Erschließungsbahn ohne große wirtschaftliche Erfolgsaussichten – das war auch der Grund, warum man sich seinerzeit für die Schmalspur entschieden hatte, um das Verhältnis Baukosten zu wirtschaftlichem Erfolg in etwa zu wahren. Die Beförderungsleistungen waren bescheiden und bewegten sich beim Personenverkehr unter der 100000-Grenze, beim Güterverkehr lagen sie um 20000 Tonnen pro Jahr. Abgesehen von den kriegsbedingten Einbrüchen 1914/15, der Inflationszeit und der Wirtschaftskrise An-

fang der 1930er-Jahre gab es kaum Zäsuren oder bemerkenswerte Ereignisse. Lediglich der Autobahnbau 1936/37 forderte der Bahn kurzfristig große Anstrengungen ab, um beachtliche Materialmengen nach Merklingen zu transportieren.1954 wurde das Ende der Dampflokära durch die Beschaffung eines Triebwagens eingeläutet und 1956 mit der Zuweisung eines weiteren VT praktisch besiegelt. Anfang der 1980er-Jahre sah die Zukunft der Nebenbahn Amstetten – Laichingen noch rosig aus, die WEG setzte weiterhin auf die schmale Spur und machte erhebliche Anstrengungen, den Betrieb zu rationalisieren, den Fahrzeugpark zu modernisieren, die Bahnanlagen zu sanieren und das Wirtschaftsergebnis zu verbessern. Sinkende Leistungen im Güterverkehr, Zurücknah-

MEIN PERSÖNLICHER TIPP

Spielplatz und Einkehrmöglichkeiten am Bahnhof Oppingen. Ausgangspunkt toller Wanderungen.

werden, um 1990 den Museumszugbetrieb auf dem Reststück der Bahnstrecke wieder aufnehmen zu können. Seit 1990 wurden etliche Abschnitte der Bahn grundlegend erneuert.

FAHRZEUGE 99 7203 befördert die Hauptlast der Museumszüge auf dem Alb-Bähnle. Die 1904 von Borsig in Berlin gebaute Lok war ursprünglich auf der Strecke Mosbach – Mudau im Einsatz und gelangte über die Albtal-Verkehrsgesellschaft zum Alb-Bähnle. Ergänzt wird die Dampflok von der Diesellok 399 008, die auch an einigen Fahrtagen den Museumszug ziehen darf. Sie wurde 1986 in Rumänien gebaut und war ursprünglich in einer Kupfermine bei Helbra in der ehemaligen DDR im Einsatz. Der Museumszug besteht aus Plattformwagen der Appenzeller Bahn, ergänzt mit Wagen der Bayerischen Zugspitzbahn. Als Originalfahrzeuge sind der Dieseltriebwagen T 34 von 1937 sowie die Dampflok 2s von 1901 wieder vorhanden. Daneben gibt es mehrere Güterwagen, die zum Teil im Bauzugdienst eingesetzt werden.

Bis 1981 war der ursprünglich von der Waggonfabrik Wismar stammende Triebwagen T 34 auf der Schmalspurbahn im Einsatz.

me von Zuschüssen und der aufwendige, jedoch nicht kostendeckende Schülerverkehr ließen die Kostenschere jedoch immer mehr auseinanderklaffen. Die WEG sah sich 1984 nicht mehr in der Lage, die erheblichen Verluste der Nebenbahn Amstetten – Laichingen durch Rationalisierungsmaßnahmen und Vereinfachung des Schienenbetriebes auszugleichen. Beteiligungen der Anliegergemeinden am Betriebsverlust wurden abgelehnt, ganz im Gegenteil, man votierte für die Umstellung auf Busbetrieb. Der Bahnbetrieb wurde am 31. August 1985 eingestellt und die Gleisanlagen schnell an einen Schrotthändler verkauft. So mussten die Gleise bis Oppingen zum Teil wieder aufgebaut

DAMPFLOK 99 7203

Baujahr:	1904
Leistung:	160 PSi
Höchstgeschwindigkeit:	30 km/h
Länge über Puffer:	7,06 m
Hersteller:	Borsig, Berlin
Museumslok seit:	1990
Eigentümer:	Albtal-Verkehrsgesellschaft

Mit Volldampf erklimmt 99 7203
die Steigung nach Oppingen.

FOTOTIPPS

○   Felseinschnitt bei Amstetten
      → Seite 24

○   Bahnhof Oppingen → Seite 31

○   Strecke 1000 m nach dem Bahn-
      hof Amstetten → Seite 29

 ANREISE

Zielbahnhof für die Anreise ist Amstetten (Württ.) zwischen Stuttgart und Ulm. In Amstetten hält an Sonn- und Feiertagen

mindestens stündlich der Regionalexpress in beide Richtungen.

IM EINSATZ Das Alb-Bähnle verkehrt an ausgewählten Sonn- und Feiertagen im Sommerhalbjahr. Rund um den 6. Dezember finden die traditionellen Nikolausdampfzugfahrten statt.

 FAHRKARTEN

Fahrkarten sind bei den Schaffnern im Zug und am Bahnsteig erhältlich. Fahrkartenbestellungen und Reservierung für Grup-

STRECKENKARTE – Alb-Bähnle

Heutiger Endbahnhof ist Oppingen inmitten herrlicher Natur.

pen sind telefonisch sowie im Internet möglich. Für Familien gibt es eine günstige Familienkarte.

 KONTAKT

Reservierung, Buchung, Sonderfahrten:
Ulmer Eisenbahnfreunde e.V.
Sektion Alb-Bähnle
c/o Heinrich Biro
Drosselweg 13
73340 Amstetten
Tel. 07331 / 7979
E-Mail: alb-baehnle@uef-dampf.de
www.uef-dampf.de

Die Fahrt kann man gut auf den offenen Plattformen genießen.

1952 – Drei-Bahnen-Blick
Hinten: Lokalbahn nach Gerstetten, Mitte: Hauptbahn Stuttgart – Ulm, vorne: Alb-Bähnle nach Laichingen.

Von **NÜRTINGEN**
nach NEUFFEN

Der schöne GES-Dampfzug mit Schubunterstützung durch eine Diesellok auf dem Weg nach Neuffen.

AUF EINEN BLICK

Eröffnung:	1900
Fahrzeit:	25 Minuten
Größte Steigung:	2,2 %
Streckenlänge:	8,3 km
Spurweite:	1435 mm
Museumszüge:	Dampf

DAS SOFAZÜGLE Zwischen Nürtingen und Neuffen am Rande der Schwäbischen Alb verkehrt das liebevoll „Sofazügle" genannte Bähnle, das an Sonn- und Feiertagen Besucher vom Neckartal nach Neuffen befördert. Die bequemen Sitze der 1. Klasse in den altertümlichen Plattformwagen gaben einst dem Museumszug seinen Namen.

DIE STRECKE Im Bahnhof Nürtingen, an der Hauptbahn Stuttgart – Tübingen gelegen, beginnt die Tälesbahn. Sie ist bis heute eine so genannte nichtbundeseigene Eisenbahn und wird von der Württembergischen Eisenbahngesellschaft mbH (WEG) betrieben. Wenige hundert Meter nach dem Bahnhof Nürtingen in Richtung Tübingen verlässt die Tälesbahn nach Osten die Hauptbahnstrecke. Es folgen die Stationen Nürtingen-Vorstadt und Nürtingen-Roßdorf. Vom Barock geprägten Nürtingen führt die Strecke entlang der Steinach nach Frickenhausen mit seinen beiden Haltestationen Frickenhausen und Frickenhausen-Kelterstraße. Nach Passieren des Ortes erreicht der Dampfzug Linsenhofen. Dort beginnt der schönste Abschnitt der Bahn: Durch grüne Wiesen verläuft die Strecke am nördlichen Hang des Tales unterhalb der Burgruine Hohenneuffen. Die Endstation Neuffen erkennt der Modellbahner sofort, da das Empfangsgebäude von

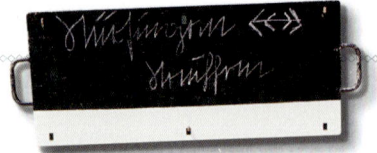

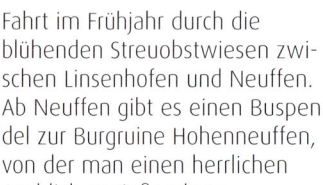

MEIN PERSÖNLICHER TIPP

Fahrt im Frühjahr durch die blühenden Streuobstwiesen zwischen Linsenhofen und Neuffen. Ab Neuffen gibt es einen Buspendel zur Burgruine Hohenneuffen, von der man einen herrlichen Ausblick genießen kann.

Vollmer als Bausatz für erhältlich ist. In Neuffen ist auch die Zentralwerkstatt der Württembergischen Eisenbahngesellschaft (WEG). Dort werden auch Triebwagen anderer Bahnen gewartet.

GESCHICHTE Die 8,3 km lange Normalspurstrecke Nürtingen – Neuffen wurde am 1. Juni 1900 im Personenverkehr und am 21. Juni 1900 im Güterverkehr eröffnet. Sie war die erste Nebenbahn der 1899 gegründeten WEG. 1953 erfolgte die Anschaffung eines ersten Dieseltriebwagens. Bereits 1971 führte die Gesellschaft zur Erhaltung von Schienenfahrzeugen (GES) ihre ersten Dampfzugfahrten auf der Tälesbahn durch. Während der reguläre Verkehr in den letzten Jahren stetig modernisiert wurde, entwickelte sich das Sofazügle im Laufe der Jahre zu einer überregional bekannten Attraktion. Seit 2013 gibt es auf der Tälesbahn auch sonntags reguläre Triebwagenfahrten, so dass man auch nur die Bergfahrt mit dem Dampfzug machen kann.

Zwei Dampfloks ziehen das Sofazügle gemeinsam nach Neuffen.

Lok 11, noch in Diensten der Hohenzollerischen Landesbahn, bei ihren ersten Einsätzen als Museumsbahn-Lok auf der Strecke Gammertingen – Kleinengstingen.

FAHRZEUGE Die Zuggarnitur des Sofazügles ist etwas Besonders: Sie ist stilrein aus Fahrzeugen aus der Zeit um 1900 gebildet. Fast alle stammen von der Hohenzollerischen Landesbahn. Sie wurden in liebevoller Kleinarbeit restauriert und fahren inzwischen seit über 30 Jahren unter der Regie des Vereins GES Stuttgart durchs Neuffener Tal. Leider sind die Dampflokomotiven der Gesellschaft zur Erhaltung von Schienenfahrzeugen Stuttgart zur Zeit nicht betriebsfähig, so dass auf Leihfahrzeuge befreundeter Vereine zurückgegriffen werden muss. Aber eine württembergische T 3 ist bereits in Aufarbeitung und wird noch 2013 fertiggestellt. Mittelfristig soll auch die bisherige Stammlokomotive, Lok 11 von 1911, wieder fahren. Die dazugehörigen Personenwagen mit ihren offenen Plattformen stammen aus den Jahren 1900 bis 1908. Daher ist es möglich, dass im Jahr 2013 andere historische Gastzüge und -lokomotiven auf der Tälesbahn zwischen Nürtingen und Neuffen zum Einsatz kommen. Informationen zum Fahrzeugeinsatz sind beim Verein zu erfragen.

DAMPFLOK LOK 11

Baujahr:	1911
Leistung:	450 PSi
Höchstgeschwindigkeit:	50 km/h
Länge über Puffer:	8,97 Meter
Hersteller:	Maschinenfabrik Esslingen
Museumslok seit:	1969
Eigentümer:	Gesellschaft zur Erhaltung von Schienenfahrzeugen Stuttgart e.V. (GES)

FOTOTIPPS

○ Bahnhof Neuffen → Seite 39

○ Zwischen Linsenhofen und
Neuffen → Seite 34

○ Beim Haltepunkt Nürtingen-
Vorstadt

ANREISE

Der Zielbahnhof für eine Fahrt mit dem
Sofazüge ist Nürtingen. Von Stuttgart verkehrt der direkte Regionalexpress (RE)
Stuttgart – Tübingen bis in die große
Kreisstadt. Wer aus Richtung Ulm nach
Nürtingen möchte, muss in Plochingen
vom Interregioexpress (IRE) beziehungs-
weise RE umsteigen. Zusätzlich zu den
schnellen RE-Zügen erreicht man Nürtingen auch noch mit der Regionalbahn
Plochingen – Herrenberg. Der Zielbahnhof liegt im Verkehrsverbund VVS, der
auch eine günstige Tageskarte im Angebot
hat (Gruppentagesticket bzw. Einzeltagesticket).

IM EINSATZ Unter Dampf steht das Sofazügle jeweils am dritten Sonntag im Monat
im Sommerhalbjahr sowie am 3. Advent
zum stimmungsvollen Weihnachtsmarkt in
Neuffen. Jeder Zug wird mit einem Restaurationswagen bewirtschaftet.

STRECKENKARTE – Sofazügle

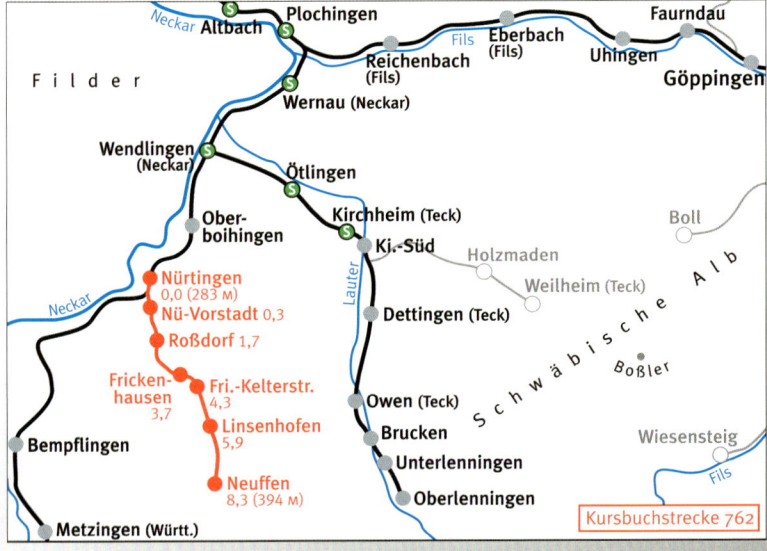

Endstation Neuffen mit dem bekannten Empfangsgebäude, das es für die Modellbahn von Vollmer gibt.

FAHRKARTEN

Fahrkarten sind bei den Schaffnern im Zug erhältlich. VVS-Tickets haben keine Gültigkeit. Für Familien gibt es eine Familienrückfahrkarte.

KONTAKT

Gesellschaft zur Erhaltung von Schienenfahrzeugen Stuttgart (GES)
Postfach 710116
70607 Stuttgart
Tel. 0711 / 446706
E-Mail: reservierung@ges-ev.de
www.ges-ev.de

Bei den jungen Fahrgästen werden die Wagen mit offenen Plattformen „Balkonwagen" genannt.

Von KORNTAL
nach WEISSACH

Vor den Nikolausdampfzügen kam 2012 die Dampflok 52 7596 der
Eisenbahnfreunde Zollernbahn e.V. zum Einsatz.

AUF EINEN BLICK

Streckeneröffnung:	1906
Fahrzeit:	60 Minuten
Größte Steigung:	2,4 %
Streckenlänge:	21,9 km
Spurweite:	1435 mm
Museumszüge:	Dampf

DER FEURIGE ELIAS Im unmittelbaren Einzugsgebiet von Stuttgart liegt die Strohgäubahn, die vom Dampfzug „Feuriger Elias" der Gesellschaft zur Erhaltung von Schienenfahrzeugen befahren wird. Die knapp 25 Kilometer lange und landschaftlich sehr reizvolle Bahn führt vom S-Bahn-Halt Korntal nach Weissach. Benannt ist der Zug nach dem biblischen Propheten Elias, der mit einem von feurigen Pferden gezogenen Wagen gen Himmel gefahren sein soll.

DIE STRECKE Direkt hinter dem Bahnhof Korntal schwenkt die Bahn in einer Rechtskurve von der Württembergischen Schwarzwaldbahn nach Calw ab, die bis Weil der Stadt von der S-Bahn genutzt wird. Es folgt der Haltepunkt Korntal-Gymnasium, der vom Dampfzug durchfahren wird. In Fahrtrichtung links wird der künstlich geschaffene Aussichtsberg Grüner Heiner passiert. Unter der Autobahn A 81 hindurch kommt schon Münchingen in Sichtweite. Parallel zum schmalen Fischbach verläuft die Strecke am Fuß des Hühnerbergs und der Esslinger Höhe nach Schwieberdingen hinab. Hinter dem Bahnhof wird auf einer neuen Betonstahlbrücke die Glems überquert. Entlang des Heimbergs verlässt die Strecke wieder das Glemstal. In Fahrtrichtung links erkennt man Schloss Nippenburg und

Feuriger Elias
Korntal-Weissach
und zurück

die alte Hagmühle im Talgrund. Es folgt der Bahnhof Hemmingen. Die Strecke steigt weiter an und führt in einer S-Kurve durch den Wald am Eulerberg nach Heimerdingen. Hinter Heimerdingen wird der höchste Punkt der Strecke mit 398 Metern über dem Meer erreicht. Nun folgt der Abstieg durch den Bonlander Wald ins deutlich tiefer gelegene Weissach, den Endbahnhof der Strohgäubahn und damit auch den Endpunkt der Fahrt mit dem Feurigen Elias.

GESCHICHTE Ursprünglich war die Strohgäubahn als Schmalspurbahn projektiert. 1898 sollte die geplante Meterspurbahn von Zuffenhausen über die Gemeinden Münchingen, Schwieberdingen, Hemmingen, Heimerdingen, Weissach, Eberdingen, Nussdorf, Iptingen, Mönsheim, Wurmberg und Wiernsheim mit einer Gesamtlänge von rund 50 Kilometern nach Pforzheim führen. Leider waren die Gemeinden westlich von Weissach und Heimerdingen nicht in

Man kann die Dampflok von den hinteren Wagen aus beobachten.

HIGHLIGHT

Schwer arbeitende Dampflok auf den Steigungen.

der Lage, die notwendige Beteiligung von 3000 Reichsmark je Kilometer aufzubringen, weshalb die Strecke so nie verwirklicht wurde. Dagegen konnte 1905 mit dem Bau einer normalspurigen Strecke von Korntal bis Weissach begonnen werden, die 1906 eingeweiht wurde und von der Württembergischen Nebenbahnen AG betrieben wurde. Bereits in den 30er-Jahren kamen auf der Strohgäubahn die ersten Triebwagen zum Einsatz, bis Mitte der 50er-Jahre noch parallel zu den vorhandenen Dampfloks. Nachdem die Württembergische Eisenbahngesellschaft mbH und die Württembergischen Nebenbahnen GmbH bereits in Personalunion geführt wurden, fusionierten die beiden Gesellschaften 1984 zur Württembergischen Eisenbahngesellschaft mbH (WEG). Inzwischen wird die Strecke von einem Zweckverband unterhalten. Die WEG befährt die

Lok 11 mit dem Feurigen Elias zwischen Heimerdingen und Weissach.

Strecke bis Heimerdingen im Auftrag des Zweckverbandes. Das Endstück gehört der Gemeinde Weissach und wird vorwiegend für Überführungsfahrten in die WEG-Werkstatt und den Museumsverkehr genutzt.

FAHRZEUGE Leider sind alle Dampflokomotiven der Gesellschaft zur Erhaltung von Schienenfahrzeugen Stuttgart (GES) zur Zeit nicht betriebsfähig. Deshalb wird auf Leihfahrzeuge befreundeter Vereine wie der Eisenbahnfreunde Zollernbahn e.V. zurückgegriffen. Jeder Zug führt einen Restaurationswagen, in dem Getränke und kleine Speisen erhältlich sind. Der Dampfzug besteht mehrheitlich aus Spantenwagen der Österreichischen Bundesbahnen. Diese Waggons wurden ab Mitte der 50er-Jahre in Österreich aus Teilen unterschiedlicher Länderbahn-

waggons einheitlich umgebaut. Im Gegensatz zu den deutschen Umbauwagen haben sie aber offene Plattformen. Teilweise wird der Feurige Elias auch noch durch historische Wagen ergänzt, die von der Hohenzollerischen Landesbahn stammen, und natürlich wird auch ein Güter- oder Gepäckwagen für die Fahrradbeförderung mitgeführt.

DAMPFLOK 52 7596

Baujahr:	1944
Höchstgeschwindigkeit:	80 km/h
Leistung:	1620 PSi
Länge über Puffer:	22,97 Meter
Hersteller:	Wiener Lokfabrik Floridsdorf
Museumslok seit:	1978
Eigentümer:	Eisenbahnfreunde Zollernbahn e.V.

 **FOTOTIPPS**

○ Bahnhof Weissach → Seite 45

○ Vor Heimerdingen

○ Zwischen Heimerdingen und
   Weissach → Seite 43

 ANREISE

Die Anreise zum Feurigen Elias erfolgt mit
der S-Bahn-Linie S6 von Stuttgart nach
Weil der Stadt. Der Zielbahnhof ist Korntal, von wo aus der Dampfzug ins Stroh-
gäu startet. Die S-Bahn fährt in einem dichten
Taktverkehr.

MEIN PERSÖNLICHER TIPP

Idealer Halbtagesausflug mit Kindern.

IM EINSATZ Die Dampfzüge der Gesellschaft zur Erhaltung von Schienenfahrzeugen kommen von Mai bis Oktober jeweils
am ersten Sonntag im Monat zum Einsatz.
Zusätzlich finden am Wochenende um den
6. Dezember Nikolausfahrten statt. Die
Zuggarnitur des Feurigen Elias ist auch
öfter rund um Stuttgart unterwegs. 2013
werden die Schönbuchbahn Böblingen –
Dettenhausen und die elektrifizierte S-
Bahn-Strecke zwischen Korntal und Weil
der Stadt regelmäßig befahren.

STRECKENKARTE – Strohgäubahn

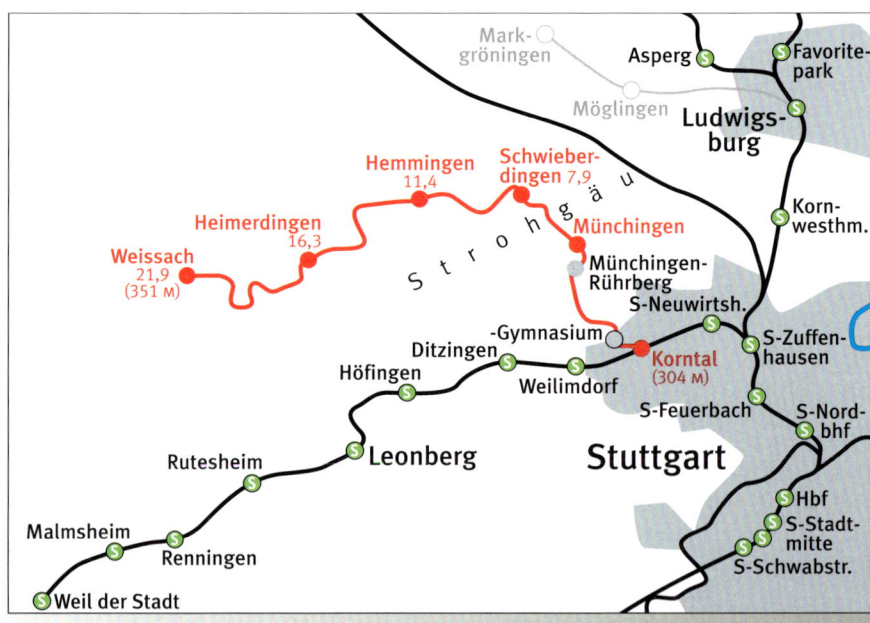

Die historische Diesellok V 100 1357 ist mittlerweile nicht mehr beim Feurigen Elias im Einsatz.

FAHRKARTEN UND FAHRPLAN

Fahrscheine für den Feurigen Elias erhält man am Bahnsteig, bei den Schaffnern des Dampfzuges oder im Zug selbst. VVS-Fahrscheine haben im Dampfzug keine Gültigkeit. Für Familien gibt es eine ermäßigte Familienrückfahrkarte. Es können auch Teilstreckenkarten gelöst werden.

KONTAKT

Gesellschaft zur Erhaltung von Schienenfahrzeugen Stuttgart (GES)
Postfach 710116
70607 Stuttgart
Tel. 0711 / 446706
E-Mail: reservierung@ges-ev.de
www.ges-ev.de

Mit einer reflektierenden Scheibe wird der Zugschluss angezeigt.

Von SCHORNDORF
nach WELZHEIM

Auf dem Weg nach Welzheim werden mehrere Viadukte passiert.

STRECKE (km): Schorndorf 0,0 > Haubersbronn 3,0 > Miedelsbach 5,4 > Michelau 7,4 > Schlechtbach 8,8

AUF EINEN BLICK

Eröffnung:	1908, 1911
Fahrzeit:	66 Minuten
Größte Steigung:	2,5 %
Streckenlänge:	22,9 km
Spurweite:	1435 mm
Museumszüge:	Dampf und Diesel

DIE SCHWÄBISCHE WALDBAHN Von 1988 bis 2010 fuhr nach einem Erdrutsch kein Zug mehr nach Welzheim. Die nun reaktierte Schwäbische Waldbahn verkehrt an Sonn- und Feiertagen jetzt als Ausflugsbahn. Schon in einer Festschrift zur Streckeneröffnung 1911 hieß es: „Wohl zu den interessantesten und schönsten Bahnen des Schwabenlandes gehört die nunmehr fertiggestellte Schlußstrecke Rudersberg – Welzheim der Nebenbahn Schorndorf – Welzheim. Eine bis jetzt vom Verkehr ziemlich vernachlässigte Gegend, die jedoch viele reizende Naturschönheiten bietet, wird erschlossen und zugleich die letzte württembergische Oberamtsstadt dem Eisenbahnnetz angegliedert."

DIE STRECKE Die Bahnlinie verlässt den Bahnhof Schorndorf in östlicher Richtung parallel zur Remstalbahn. Nach rund 600 Metern zweigen die Gleise nach Norden ab und überqueren einen Kilometer später die Rems auf einer 35 Meter langen Stahlfachwerkbrücke. Es folgt der Bahnhof Haubersbronn. Im Tal der Wieslauf geht es über die Bahnhöfe Miedelsbach-Steinenberg, Michelau und Schlechtbach nach Rudersberg, dem Betriebsmittelpunkt der modernen Wieslauftalbahn. Zwei Stationen weiter, in Oberndorf, beginnt die eigentliche Infrastruktur der Museums-

Hinter der Dampflok wird oft als Unterstützung die Diesellok 212 084-8 eingesetzt.

MEIN PERSÖNLICHER TIPP !

Erfahrungsfeld der
Sinne Eins+Alles:

Ausstieg am Bahnhof
Laufenmühle!
www.eins-und-alles.de

bahn. Weniger als einen Kilometer nach dem Bahnhof befand sich die Hangrutschung, die 1988 zur Einstellung des Zugverkehrs nach Welzheim geführt hatte. Die Bahnlinie gewinnt nun schnell an Höhe. Nach dem 51 Meter langen Igelsbachviadukt wird der Ort Klaffenbach-Althütte erreicht. Das Wieslauftal wird enger und steiler, und die Bahn nimmt endgültig Gebirgscharakter an. Bald darauf folgt mit dem 121 m langen und 25 m hohen Strümpfelbachviadukt einer der Höhe-

In Welzheim wird Wasser gefasst, bevor es zurück nach Schorndorf geht.

punkte der Fahrt. Anschließend geht es an der nördlichen Talseite durch dichten Wald zum Haltepunkt Laufenmühle. Direkt nach dem Halt zweigt die Bahntrasse nach rechts in ein Seitental der Wieslauf ab, deren tief eingeschnittene Schlucht sie mit dem 25 Meter hohen und 168 Meter langen Laufenmühleviadukt überwindet. Entlang des Edenbachtals führt die Trasse zum Bahnhof Breitenfürst, der bereits 495 Meter über dem Meer liegt. Nun verläuft die Strecke in einer weiten, einen Kilometer langen Linkskurve durch den Tannwald. Es folgt der neue Haltepunkt Tannwald, bevor es leicht bergab zur Endstation geht, die am westlichen Rand der Welzheimer Innenstadt liegt.

GESCHICHTE Eröffnet wurde die Bahnlinie in zwei Etappen: 1908 war die Strecke zwischen Schorndorf und Rudersberg fertiggestellt, 1911 erfolgte die Fertigstellung der Verlängerung bis Welzheim. 1980 wurde der Personenverkehr auf dem

Abschnitt Rudersberg – Welzheim eingestellt. Anfang der 1990er-Jahre stand die gesamte Wieslauftalbahn vor der Stilllegung. Die Deutsche Bundesbahn hatte den oberen Abschnitt Rudersberg – Welzheim wegen eines Erdrutsches seit 1988 auch im Güterverkehr außer Betrieb genommen. Zwischen Rudersberg und Schorndorf verkehrten in unregelmäßigen Abständen Personenzüge mit Dieselloks der Baureihe V 100 und Silberlingen. Um die Strecke zu

Der Haltepunkt Laufenmühle ist Ausgangspunkt vieler Wandertouren.

DAMPFLOK 64 419

Baujahr:	1937
Leistung:	950 Psi
Höchstgeschwindigkeit:	90 km/h
Länge über Puffer:	12,4 Meter
Hersteller:	Maschinenfabrik Esslingen
Museumslok seit:	1996
Eigentümer:	DBK Historische Bahn e.V.

erhalten, gründete sich der Zweckverband Wieslauftalbahn, der 1993 die gesamte Nebenbahn von der Bundesbahn übernehmen konnte. Der Abschnitt Schorndorf – Rudersberg-Nord wurde modernisiert. Neue Haltepunkte wurden geschaffen und die alten Fahrzeuge aus den 60er-Jahren

Original Bundesbahn: Die Umbauwagen des Museumszuges.

Seit 2010 ist Welzheim wieder mit dem Zug zu erreichen. Über 20 Jahre lang fuhr dort kein Zug mehr. Dampflok 64 419 ist die Stammlok der Strecke.

durch moderne NE81-Dieseltriebwagen ersetzt. Der Erfolg waren stark steigende Fahrgastzahlen, der bis Rudersberg-Nord fahrenden Züge. Ab 1999 kam es zu den ersten ehrenamtlichen Arbeiten an der Bergstrecke. Die Gleise wurden von Bewuchs und Vegetation befreit. 2000 wurde der Förderverein Welzheimer Bahn e.V. gegründet, der sich seitdem ehrenamtlich um die Pflege und Erhaltung der Strecke kümmert. Die Verlängerung der Nahverkehrszüge bis Rudersberg-Oberndorf 2008 machte schließlich die Reaktivierung der Strecke nach Welzheim möglich.

FAHRZEUGE Der Museumszug nach Welzheim wird aus Fahrzeugen des Vereins DBK Historische Bahn e.V. gebildet. Planmäßig führt die 1937 in Esslingen gebaute Dampflok 64419 den Zug. Regelmäßig gibt es aber auch Fahrtage, an denen die Züge mit der Dieselok 212084-8 bespannt werden. Diese Fahrten sind nicht so sehr frequentiert und ideal für Ausflügler, die nicht unbedingt mit Dampf reisen müssen. Bis 1993 waren Dieselloks dieses Typs für die Beförderung der Personen- und Güterzüge im Wieslauftal zuständig. Der Zug selbst besteht aus so genannten Umbauwagen der Deutschen Bundesbahn. Diese Fahrzeuge entstanden ab 1954 in Ausbesserungswerken der Deutschen Bundesbahn aus alten Wagen, die noch aus Länderbahnzeiten, vor Gründung der Deutschen Reichsbahn, vorhanden waren. Im Rahmen des Umbaus wurden sie vereinheitlicht. Der oftmals noch vorhandene Holzaufbau wurde durch einen Stahlaufbau ersetzt. Die Umbauwagen waren jah-

An bestimmten Tagen verkehrt die Schwäbische Waldbahn mit Diesellok 212084-8.

DIESELLOK 212084-8

Baujahr:	1964
Leistung:	1350 PS
Höchstgeschwindigkeit:	100 km/h
Länge über Puffer:	12,1 Meter
Hersteller:	MaK Kiel
Museumslok seit:	2005
Eigentümer:	DB-Museum

relang in Westdeutschland auf Haupt- und Nebenstrecken zu finden. Ergänzt werden die Umbauwagen durch einen Silberling und ehemals österreichische Eilzugwagen. Mitgeführte Gepäckwagen ermöglichen die Beförderung von Fahrrädern und Kinderwagen. Das freundliche Personal der Nostalgiezüge ist beim Be- und Entladen behilflich.

FOTOTIPPS

 ANREISE

○ Wiese zwischen Oberndorf und
Klaffenbach-Althütte
→ Seite 48

○ Rund um den Bahnhof Laufenmühle und den nachfolgenden
Viadukten → Seite 49

○ Strümpfelbachviadukt zu jeder
Tageszeit → Seite 46, 51, 53

○ Rund um Rudersberg-Bahnhof
mit Kirche im Hintergrund

Zielbahnhof für die Fahrt mit der Schwäbischen Waldbahn nach Welzheim ist
Schorndorf an der Remsbahn Stuttgart –
Aalen. Schorndorf ist zugleich Endstation
der Stuttgarter S-Bahn S 2. Schorndorf
und Welzheim liegen im Verkehrsverbund
VVS, der auch eine günstige Tageskarte
(Gruppen- bzw. Einzeltagesticket) im Angebot hat. Mit dieser Tageskarte können
auch die Buslinien von und nach Welzheim genutzt werden. Die regulären Züge
auf der Wieslauftalbahn bis Oberndorf verkehren nur von Montag bis Samstag.

STRECKENKARTE – Schwäbische Waldbahn

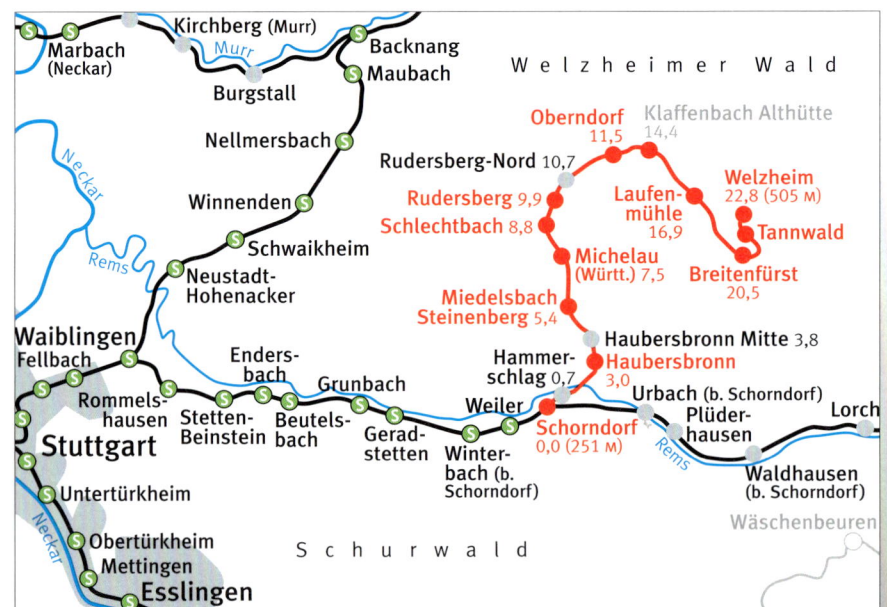

Die Überfahrt über das Strümpfelbachviadukt ist der Höhepunkt der Tour.

 IM EINSATZ Die historischen Züge auf der Schwäbischen Waldbahn verkehren von Mai bis Oktober sowie im Dezember an Sonn- und Feiertagen. An rund 20 Fahrtagen wird der historische Zug von einer Dampflok bespannt, die anderen rund zehn Fahrtage kommt ausschließlich die Diesellok zum Einsatz.

 FAHRKARTEN

Fahrscheine für die historischen Züge auf der Schwäbischen Waldbahn erhält man am Bahnsteig bei den Schaffnern. Auch online sind die Fahrkarten erhältlich. Telefonisch können Fahrscheine gegen eine geringe Gebühr reserviert werden. VVS-Fahrscheine haben im Nostalgiezügen keine Gültigkeit. Für Familien gibt es eine ermäßige Familienrückfahrkarte. Es können auch Teilstreckenkarten gelöst werden.

KONTAKT

Buchungshotline für Kartenbestellung und Sitzplatzreservierung: Tel. 0711 / 2228111

Schwäbische-Waldbahn-GmbH
Kirchplatz 3,
73642 Welzheim
E-Mail: stadt@welzheim.de
www.schwaebische-waldbahn.de
Die Strecke wird unterhalten von:
Förderverein Welzheimer Bahn e.V.
Wilhelmstrasse 20,
73642 Welzheim
E-Mail: info@welzheimer-bahn.de
www. welzheimer-bahn.de
Der Zug wird unterhalten von:
DBK Historische Bahn e.V.
Horaffenstraße 32,
74564 Crailsheim
E-Mail: info@dbkev.de
www.dbk-historische-bahn.de

Von ULM (Donau)
nach KLEINENGSTINGEN

Typisch für die Täler der Schwäbischen Alb sind die Wacholderheiden wie hier in Gomadingen.

STRECKE (km):   (Ulm 0,0 > Blaubeuren 16,4) > Schelkingen 22,6/58,3 < Schmiechen-Albbahn 56,5

AUF EINEN BLICK

Eröffnung:	1892 - 1901
Fahrzeit:	120 Minuten
Größte Steigung:	2 %
Streckenlänge:	66 km
Spurweite:	1435 mm
Museumszüge:	Diesel, gelegentlich Dampf

DIE ECHAZBAHN Zwischen Ulm und Kleinengstingen verkehrt an Sonn- und Feiertagen von Mai bis Oktober der Schienenbus Ulmer Spatz, der ab Schelklingen über die Echazbahn nach Münsingen und Kleinengstingen fährt. Ab Schelklingen fährt neben dem Ulmer Spatz auch ein MAN-Schienenbus, der die Strecke bis Münsingen befährt.

DIE STRECKE Einmal quer über die Schwäbische Alb, von Schelklingen nach Kleinengstingen, verläuft die Echazbahn. Über die Donautalbahn und Blaubeuren ist die Strecke an die Donaumetropole Ulm angebunden. Der VT 798 mit dem Namen „Ulmer Spatz" startet gegen neun Uhr in Ulm und fährt zuerst über die eben genannte Donautalbahn nach Schelklingen. Dort zweigt nach Nordwesten die Echazbahn ab. Der Schienenbus schlängelt sich ab dort durch das autofreie Schmiechtal und die Haltstationen Schmiechen-Albbahn, Hütten und Sondernach nach Münsingen. Von dort geht es über die Stationen Grafeneck, Marbach, Gomadingen, Offenhausen und Kohlstetten nach Kleinengstingen. Die Strecke ab Kleinengstingen Richtung Reutlingen über die legendäre Honauer Steige wurde in den 1970er-Jahren abgebaut, soll aber im Rahmen des Projekts Stadtbahn Neckar-Alb reaktiviert werden.

Eine Wandergruppe winkt dem Ulmer Spatz, der soeben den Bahnhof Gomadingen verlassen hat.

Noch erhalten und genutzt wird die Fortsetzung der Strecke nach Gammertingen der Hohenzollerischen Landesbahn.

GESCHICHTE Die Nebenbahn Reutlingen – Münsingen – Schelklingen wurde durch die Königlich-Württembergische Staats-Eisenbahn in verschiedenen Etappen von 1892 bis 1901 errichtet. Der steile Albaufstieg Honau – Lichtenstein wies eine Steigung von 1:10 auf und war mit einer Zahnstange ausgerüstet. Die Stilllegung der Bahn erfolgte in mehreren Abschnitten ab 1969. Heute noch vorhanden ist der Abschnitt Kleinengstingen – Münsingen –

Schelklingen. Der Abschnitt Reutlingen – Honau – Lichtenstein – Kleinengstingen ist abgebaut, die Bahntrasse aber noch weitgehend als Radweg oder Unland vorhanden. Schon früher hatte die Strecke für den Ausflugsverkehr eine beträchtliche Bedeutung. Versäumte Strukturanpassungen ließen aber den automobilen Individualverkehr so stark anwachsen, dass der Bahn keine Zukunft mehr gegeben wurde. Mit viel Engagement der beteiligten Gemeinden und weiterer Unterstützern konnte die Strecke ab 1999 zwischen Kleinengstingen und Oberheutal und ab 2004 zwischen Oberheutal und Schelklingen von der Erms-Neckar-Bahn AG gepachtet werden.

< Gomadingen 24,1 < Offenhausen 22,0 < Kohlstetten 19,0 < Kleinengstingen 15,3

Reizvoll gestaltet sich die Fahrt durch Sondernach, das auch wieder einen Haltepunkt besitzt.

Der MAN-Schienenbus des Vereins Schwäbische Alb-Bahn e.V. pendelt zwischen Münsingen und Schelklingen durchs größtenteils autofreie Schmiech- und Schandental.

MAN-SCHIENENBUS VT 8 (MOTORWAGEN)

Baujahr:	1961
Leistung:	2 Motoren mit je 192 PS
Höchstgeschwindigkeit:	90 km/h
Länge über Puffer:	16,2 Meter
Hersteller:	Maschinenfabrik Augsburg-Nürnberg (MAN)
Museumstriebwagen seit:	2009
Eigentümer:	Schwäbische Alb-Bahn e.V.

FAHRZEUGE Im Museums- und Touristikverkehr werden auf der Schwäbischen Alb-Bahn Schienenbusse eingesetzt. Der Schienenbus Ulmer Spatz (798 652-4 und 798 653-2 mit mehreren Bei- und Steuerwagen) ist in den ehemaligen Nahverkehrsfarben der DB AG lackiert. Die Fahrzeuge wurden 1986 im Rahmen des Pilotprojekts „Chiemgaubahn" modernisiert. Seit ein paar Jahren wird der Ulmer

Der Ulmer Spatz im Bahnhof Marbach (b. Müns.). Dort muss das Zugpersonal den Bahnübergang einschalten. Pferdeliebhaber besuchen hier das nahegelegene Haupt- und Landgestüt.

Spatz durch die ehemaligen MAN-Schienenbusse der Hohenzollerischen Landesbahn ergänzt, die vom Verein Schwäbische Alb-Bahn e.V. betrieben werden.
In Aufarbeitung befindet sich 86 346 der
Ulmer Eisenbahnfreunde im Münsinger
Lokschuppen. Bis zur Fertigstellung kommen unterschiedliche Dampfloks vor den
in Münsingen stationierten Donnerbüchsen zum Einsatz.

VT 798 652-4 „ULMER SPATZ"(MOTORWAGEN)

Baujahr:	1959
Leistung:	2 Motoren mit je 150 PS
Höchstgeschwindigkeit:	90 km/h
Länge über Puffer:	13,9 Meter
Hersteller:	Waggonfabrik Uerdingen
Museumstriebwagen seit:	1997
Eigentümer:	DB ZugBus Regionalverkehr Alb-Bodensee (RAB) GmbH

FOTOTIPPS

○ Bahnhof Marbach und Umgebung
    → Seite 59

○ Ortsdurchfahrt Sondernach
    → Seite 57

ANREISE

Zielbahnhof für die Anreise mit dem Schienenbus Ulmer Spatz ist der Bahnhof Ulm Hbf. Wer mit dem Rad-Wander-Shuttle anreisen möchte, kann auch in Tübin-

gen starten und von dort über Hechingen und Gammertingen nach Kleinengstingen anreisen. Der Rad-Wander-Shuttle und der Ulmer Spatz starten nur einmal am Morgen von Tübingen bzw. Ulm. Für eine spätere Anreise ist der Bahnhof Schelklingen empfehlenswert. Linienbusse verkehren zwischen Reutlingen und Kleinengstingen, so dass man auch aus dem Neckartal auf die Schwäbische Alb kommt.

IM EINSATZ Betrieb herrscht auf der Strecke an allen Sonn- und Feiertagen von Mai bis Mitte Oktober sowie an ausgewählten Tagen im Winterhalbjahr.

STRECKENKARTE – Echazbahn

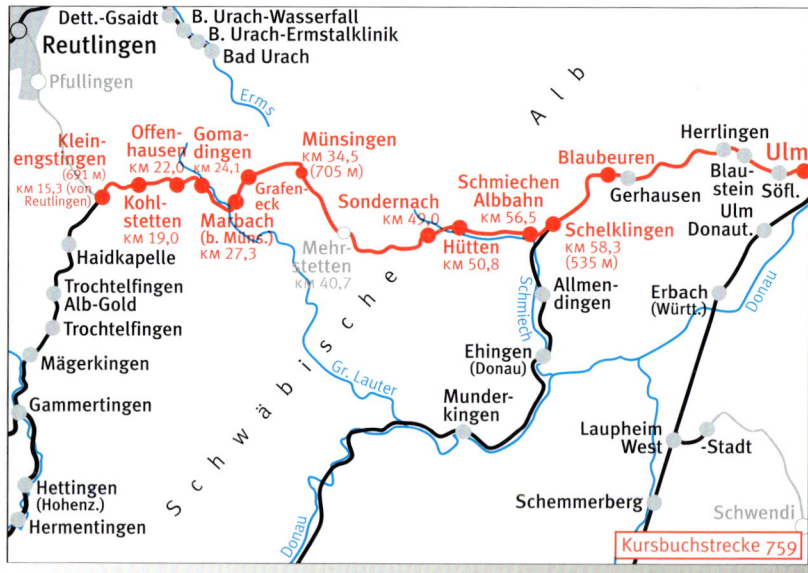

Gerade Kinder reizt der Blick auf die freie Strecke neben Lokführer Oliver Pfister.

 FAHRKARTEN

Fahrkarten sind bei den Fahrkartenverkäufern im Zug erhältlich. Für die Anreise empfielt sich das Baden-Württemberg-Ticket, das natürlich auch in den Schienenbussen gültig ist. Im Zug sind zwischen Ulm und Münsingen die Fahrscheine des Verkehrsverbundes DING und ab Münsingen Richtung Gammertingen alle Fahrscheine des Verkehrsverbundes NALDO gültig.

 KONTAKT

Schwäbische Alb-Bahn e.V.
Bahnhofstraße 8
72525 Münsingen / Württ.
Tel. 07381 / 921103 oder 07381 / 5017556
www.bahnhof-muensingen.de

Im Fahrradwagen vom Ulmer Spatz hat es Platz für 50 Fahrräder.

Bald wieder unter Dampf: 86 346 der Ulmer Eisenbahnfreunde, hier in Marbach (bei Müns.).

Von Neckarbischofsheim
nach HÜFFENHARDT

STRECKE (km):   Neckarbischofsheim Nord 0,0 > Neckarbischofsheim Stadt 2,7 >

AUF EINEN BLICK

Eröffnung:	1902
Fahrzeit:	30 Minuten
Größte Steigung:	1,7 %
Streckenlänge:	17 km
Spurweite:	1435 mm
Museumszüge:	Diesel

Der Klassiker: Die enge Ortsdurchfahrt von Obergimpern.

DIE KREBSBACHTALBAHN Noch bis Juli 2009 wurde die Krebsbachtalbahn Neckarbischofsheim Nord – Hüffenhardt im regulären Personen- und Güterverkehr betrieben. Nun wird die Strecke touristisch genutzt. Inzwischen gibt es einen Verein, der sich um den Erhalt der Strecke kümmert. Bis zur Fertigstellung des Esslinger-Triebwagens wird der Betrieb mit einem ehemaligen Bundesbahn-Schienenbus durchgeführt.

DIE STRECKE Nach Verlassen des Bahnhofs Neckarbischofsheim Nord passiert man auf der in Fahrtrichtung linken Seite

Vor der Rückfahrt werden am Zugende die roten Schlussscheiben gesteckt.

die Bahnbetriebsanlagen der SWEG, die heute an die Firma Alstom vermietet sind. Bis zum Bahnhof Neckarbischofsheim folgt nun der landschaftlich reizvollste Teil der Strecke. Die Bahn verläuft durch Felseinschnitte am Nordhang des Tales. Zwischen Neckarbischofsheim und Helmhof schwenkt die Strecke auf die rechte Seite der Straße. Gleich nach dem Bahnübergang entdeckt man auf der linken Seite ehemalige Verladeanlagen für Kalk. Der Halt Obergimpern wird erreicht. Die Trasse schwenkt nun nach Norden ab. Kurz vor dem Bedarfshaltepunkt Siegelsbach-Wald gab es früher ein Anschlussgleis zur Heeresmunitionsanstalt, weshalb im Bahnhof Siegelsbach bis heute umfangreiche Gleisanlagen vorhanden sind. Die Munitionsanstalt erhielt 1939 einen eigenen Gleisanschluss, weshalb im Bahnhof Siegelsbach bis heute umfangreiche Gleisanlagen vorhanden sind. In der „Muna" wurden insgesamt rund 18 Kilometer Gleise verlegt. Bis 1992 hatten die Amerikaner in Siegelsbach sogar Atomraketen stationiert. Nach Siegelsbach führt die Strecke über freies Feld und steuert die Endstation Hüffenhardt an. Hüffenhardt ist stark landwirtschaftlich geprägt. An der Bahnhofseinfahrt befindet sich ein alter, für den Museumstriebwagen vorgehaltener, Lokschuppen.

GESCHICHTE 1862 wurde die Badische Odenwaldbahn zwischen Heidelberg und Mosbach eröffnet. Die einstige Magistrale führte über Neckargemünd, Meckesheim, Aglasterhausen und Obrigheim. Die Linie wurde nicht direkt durch das Neckartal gebaut, um das fremde Hessen zu umfahren.

Von weitem erkennt man den Bahnhof Hüffenhardt an den großen Silotürmen.

Leider lag der Bahnhof Neckarbischofsheim drei Kilometer von der Stadt entfernt.
Auch für die Kalkbrüche war der Verlauf
der Hauptbahn äußerst ungeschickt, weshalb sich ein Bahnkomitee bildete, das
zum Ziel hatte, eine Nebenbahn nach Hüffenhardt zu errichten. Man erreichte einen
Baukostenzuschuss von der Badischen
Staatsregierung und beauftragte, nachdem
seit 1900 auch nichtstaatlich Bahnen zuge-
lassen waren, die Firma Lenz & Co. aus
Berlin mit dem Bau und Betrieb der Strecke. 1902 nahm sie ihren Betrieb auf. Um
1980 stand die Linie Meckesheim – Aglasterhausen, die früher weiter Richtung
Mosbach führte, zur Stilllegung durch
die Bundesbahn an. Nach vorangegange-
nen erheblichen Investitionen übernahm
die SWEG dort 1982 den Betrieb. Als die
SWEG ihr Streckennetz in der Region um
das Jahr 2000 aufgeben wollte, konnte zunächst nur die Strecke nach Aglasterhau-

MEIN PERSÖNLICHER TIPP

Wanderung ab
Siegelsbach zur
Burg Guttenberg
und weiter zum
Bahnhof Gun-
delsheim an der
Neckartalbahn.

sen durch den Ausbau zur S-Bahn gerettet
werden. Der Ast nach Hüffenhardt wird
seit 2010 nur durch Ausflugszüge bedient.

FAHRZEUGE Im Nostalgieverkehr kommen auf der Krebsbachtalbahn ehemalige
Schienenbusse der Deutschen Bundesbahn
zum Einsatz. Die bekannten Triebwagen
der Baureihe 796/798 waren früher in ganz

Westdeutschland verbreitet und lösten auf
zahlreichen Nebenbahnen die Dampflokomotiven ab. Bis Februar 2000 waren die
Fahrzeuge auch noch im Nahverkehr bei
der Deutschen Bahn AG zu finden. Der
Uerdinger Schienenbus gehört der Pfalz-
bahn und wird vom Geschäftsführer Klaus
Uhlshöfer persönlich gefahren, so dass bei
Fragen auch ein Fachmann zur Verfügung
steht. Die Schienenbusse waren im Winter
und im Sommer für ihre Temperaturen im
Fahrgastraum gefürchtet. Auch heute kann

VT 798	
Baujahr:	1954
Leistung:	2x 150 PS
Höchstgeschwindigkeit:	90 km/h
Länge über Puffer:	13,9 Meter
Hersteller:	Waggonfabrik Uerdingen, MAN
Museumstriebwagen seit:	1997
Eigentümer:	Pfalzbahn, Klaus Uhlshöfer

Das Beste im Schienenbus ist der freie Lokführerblick auf die Strecke.

Der VT 798 hat den Haltepunkt
Untergimpern verlassen.

man im Hochsommer die Fahrt bei oftmals 40° Celsius genießen. Klimaanlagen gab es zum Zeitpunkt der Indienststellung der VT 798 nur in hochwertigen Schnellzügen wie dem Trans-Europa-Express.

FOTOTIPPS

○ Ortsdurchfahrten Obergimpern → Seite 65

○ Ortsdurchfahrten Untergimpern → Seite 69

○ Ausfahrt aus dem Bahnhof Hüffenhardt → Seite 67

ANREISE

Die Anreise nach Neckarbischofsheim Nord erfolgt mit der Rhein-Neckar-S-Bahn. In Meckesheim muss man jeweils umgesteigen. Von Heilbronn / Bad Rappenau gibt es eine Buslinie nach Obergimpern-Gewerbegebiet mit Anschluss an den Zug. Details finden sich auf der Website des Vereins.

FAHRKARTEN

Die Krebsbachtalbahn ist ein Angebot des öffentlichen Nahverkehrs und kann deshalb mit allen entsprechend gültigen

STRECKENKARTE – Krebsbachtalbahn

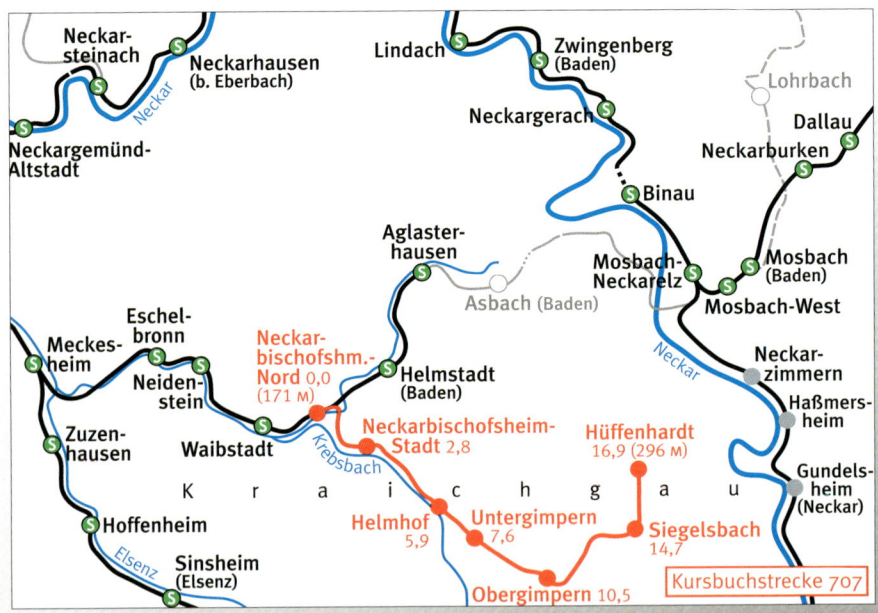

Das Bahnhofsgebäude von Neckarbischofsheim Nord liegt zwischen den Gleisen der Krebsbachtalbahn (rechts) und den S-Bahn-Gleisen nach Aglasterhausen (links).

Fahrausweisen vom Verkehrsverbund Rhein-Neckar (VRN), dem Heilbronn-Hohenloher-Nahverkehr (HNV) und der Deutschen Bahn AG genutzt werden. Im Zug ist ein eingeschränktes Fahrkartensortiment des VRN erhältlich.

 KONTAKT

Förderverein Krebsbachtalbahn e.V.
c/o Hans-Joachim Vogt
Akazienstraße 52
74924 Neckarbischofsheim
Tel.: 07263 / 6595
E-Mail: hjvogt@t-online.de
www.krebsbachtal-bahn.de

Bewährt und zuverlässig: Der Uerdinger Schienenbus.

Von WARTHAUSEN
nach OCHSENHAUSEN

Bei Herrlishöfen dampft 99 716 „Rosa"
ihrem Zielbahnhof Warthausen entgegen.

STRECKE (km): Warthausen 3,2 km (urspr. von Biberach) > Herrlishöfen 4,5 > Barabein 5,6 >

AUF EINEN BLICK

Eröffnung:	1899
Fahrzeit:	70 Minuten
Größte Steigung:	2,5 %
Streckenlänge:	19 km
Spurweite:	750 mm
Museumszüge:	Dampf

DIE ÖCHSLE-MUSEUMSBAHN Ein Kulturgut Oberschwabens ist die Öchsle-Museumsbahn zwischen Warthausen und Ochsenhausen. Sie war die letzte durch die Deutsche Bundesbahn betriebene Schmalspurbahn auf dem Festland und wurde erst 1983 stillgelegt. Kleinbahnromantik in Oberschwaben wie vor 70 Jahren kann man noch heute als Fahrgast auf einer Fahrt nach Ochsenhausen genießen.

DIE STRECKE Die Schmalspurbahn ist 19 Kilometer lang und führt von Warthausen nach Ochsenhausen. Der Zug verlässt den Bahnhof an der DB-Strecke Ulm – Friedrichshafen und überquert die L 267, die von einem Posten gesichert wird. An beiden folgenden Haltepunkten Herrlishöfen und Barabein hält der Zug nur bei Bedarf. Kurz nach Barabein überquert die vierspurige B 30 die Öchsle-Bahn. Entlang der L 267 geht es nach Äpfingen mit seinem württembergischen Empfangsgebäude. Es folgt der Bedarfshaltepunkt Sulmingen, bevor die Bahn nach einer Walddurchfahrt den Bahnhof Maselheim erreicht. Nun folgt wieder ein Bedarfshalt, nämlich Wennedach. Nach einer scharfen Linkskurve schlängelt sich das Bähnle nun weiter durch Wiesen mit einer Steigung von bis zu 1:40. Vor einem Waldstück ist dann mit 598,13 Metern über dem Meer der höchste Punkt der Strecke erreicht. Nach der Passage eines zweiten Waldstückes kommt Reinstetten in Sichtweite. In Reinstetten erreicht der Zug das Tal der Rottum. Die nächste Station ist Ochsenhausen, der Endpunkt der Museumsbahn.

GESCHICHTE UND ORGANISATION Nachdem eine geplante Eisenbahn von Biberach über Ochsenhausen nach Memmingen zu Gunsten der Verbindung über Aulendorf und Bad Waldsee nach Memmingen nicht verwirklicht wurde, konstituierte sich 1889 ein Eisenbahnkomitee mit dem Ziel des Baus einer Bahnstrecke nach Ochsenhausen. 1897 wurde der Bau gesetzlich beschlossen und 1899 konnte die Bahnstrecke Warthausen – Ochsenhausen eröffnet werden. Die heute nicht mehr vorhandene Verbindung Warthausen – Biberach entlang

Die originale Bundesbahn-Öchsle-Diesellok V 51 903 ist wieder in Ochsenhausen daheim.

HIGHLIGHT
Mondscheinfahrten mit dem Dampfzug

der Südbahn mit einer Eisenbahnkreuzung konnte 1900 eröffnet werden. Betrieben wurde die Schmalspurbahn bis 1919 durch die Königlich-Württembergische Staatseisenbahn. 1920 wurde die Deutsche Reichsbahn-Gesellschaft gegründet, in der alle Länderbahnen aufgingen. Den Zweiten Weltkrieg überstand die Bahn ohne größere Schäden. 1949 wurde die Deutsche Bundesbahn als Nachfolgegesellschaft der Reichsbahn tätig. 1954 wurde begonnen, den Bahnbetrieb zu rationalisieren, indem man den Fahrplan massiv ausdünnte. 1964 erfolgte die Einstellung des Personenverkehrs auf der Gesamtstrecke. Die Strecke Biberach – Warthausen wurde abgebaut. Der Güterverkehr lief jedoch weiter, vor allem für die Firma Liebherr in Ochsenhausen. 1964 kam eine neue Diesellok zum Öchsle, welche die Dampfloks weitgehend ablöste. 1969, nach Eintreffen einer zweiten Diesellok, konnte dann endgültig auf den Dampfbetrieb verzichtet werden. 1983 wurde der Gesamtverkehr eingestellt. Durch das Engagement des Öchsle Schmalspurbahn e. V. wurde die Strecke nicht abgebaut, sondern von den Anliegergemeinden und dem Landkreis Biberach erworben. Bis 1991 wurde auf der Strecke ein Museumsverkehr durchgeführt. Verschiedene Gründe führten fast zum Ende der erfolgreichen oberschwäbischen Museumsbahn. Erst ab 1996 konnte der Museumsbahnbetrieb unter einer neuen Konstellation wieder

Die stimmungsvollen Fahrten zum Weihnachtsmarkt in Ochsenhausen gehören zu den beliebtesten Angeboten. Im Bahnhof Ochsenhausen wartet 99 716 „Rosa" auf die zurückkehrenden Fahrgäste.

aufgenommen werden. Aber schon im Jahr 2000 folgte erneut die Sperrung der Strecke wegen Gleismängeln. Nach umfangreichen Sanierungsarbeiten konnte die oberschwäbische Museumsbahn 2002 wieder in Betrieb genommen werden. Heute besteht das Öchsle aus insgesamt mehrere Organisationen: Der Verein Öchsle Schmalspurbahn e. V. hat rund 280 Mitglieder, von denen rund 30 aktiv beim Unterhalt der Museumsbahn mitwirken. Der Verein kümmert sich um die Unterhaltung der Bahnstrecke sowie der Fahrzeuge und stellt das Fahrpersonal. Das Verkehrsunternehmen, die Öchsle-Bahn Betriebs-GmbH wurde 2001 gegründet. Im selben Jahr wurde von der DB AG die DDR-Neubaudampflok 99 788 erworben.

FAHRZEUGE Drei Dampfloks sind beim Öchsle vorhanden. Stammlok ist die 99 716 „Rosa", die seit 1997 beim Öchsle im Einsatz ist. „Rosa" wurde 1927 in Chemnitz für 63000 Reichsmark gebaut

DAMPFLOK „ROSA" 99 716

Baujahr:	1927
Leistung:	ca. 500 PSi
Höchstgeschwindigkeit:	30 km/h
Länge über Puffer:	8,9 Meter
Hersteller:	Fa. Hartmann, Chemnitz
Museumslok seit:	1997
Eigentümer:	Öchsle-Bahn AG

DAMPFLOK „BERTA" 99 788

Baujahr:	1957
Leistung:	600 PSi
Höchstgeschwindigkeit:	30 km/h
Länge über Puffer:	10,0 Meter
Hersteller:	LKM Babelsberg
Museumslok seit:	2001
Eigentümer:	Öchsle-Bahn AG

und war zuerst in Sachsen und später auf der Bottwartalbahn zwischen Marbach und Heilbronn sowie auf der Zabergäubahn zwischen Lauffen und Leonbronn im Einsatz. In Güglingen, an der Zabergäubahn, wurde sie als Denkmal aufgestellt.

Bereits 1993 wurde sie dort aus ihrer misslichen Lage befreit und im Dampflokwerk Meiningen wieder fahrfähig hergerichtet. Loks dieser Baureihe waren viele Jahre auf dem Öchsle im Einsatz. Auch die 99 788 „Berta" kommt aus dem Osten, nämlich aus Babelsberg. Sie wurde erst 1957 gebaut und ist eine der jüngsten betriebsfähigen Dampfloks in Deutschland. Sie war bis zu ihrem Wechsel zum Öchsle bei der DB AG zwischen Radeburg und Radebeul bei Dresden unterwegs. Nicht aus dem Osten, sondern aus Esslingen kommt 99 633. Die „Eisenbahnromantik-Lok" ist eine echte Öchsle-Lok. Sie wurde fabrikneu nach Ochsenhausen geliefert. 1969 wurde 99 633 als letzte ihrer Bauart ausgemustert und von der Deutschen Gesellschaft für Eisenbahngeschichte e. V. übernommen.

Mit dem Öchsle-Dampfzug ist 99 788 „Berta" auf halber Strecke bei Sulmingen unterwegs.

Die württembergische Tssd 99 633, bekannt durch die Fernseh-Serie Eisenbahn-Romantik, wird zur Zeit in Ochsenhausen aufgearbeitet.

Nach einer sehr aufwendigen Aufarbeitung wurde die Lok ab Oktober 1982 auf der Jagsttalbahn Möckmühl – Dörzbach für Sonderzüge eingesetzt. Bereits im Frühjahr 1985 wurde sie jedoch zur entstehenden Öchsle Museumsbahn verliehen und war dort ab 1985 im Museumsverkehr eingesetzt. Sie ist zur Zeit in Aufarbeitung. Neben den Dampfmaschinen gibt es bei der Öchsle-Museumsbahn insgesamt vier Diesellokomotiven. Noch recht neu ist die 251 903. Maschinen dieser Baureihe wurden 1964 als Ersatz für Dampfloks beschafft. Bis zur Einstellung des Verkehrs im Jahr 1983 wickelte sie den Güterverkehr zwischen Warthausen und Ochsenhausen ab. Nach der Stilllegung der Bahn war sie in Spanien im Einsatz und kehrte erst 2009 nach Oberschwaben zurück.

Auch ein vielfältiger, schön restaurierter Wagenpark ist beim Öchsle vorhanden. Neben Originalfahrzeugen württembergischer Schmalspurbahnen sind Wagen aus der Schweiz und Österreich in den Dampfzug eingereiht. Diese Wagen wurden zwischen 1891 und 1937 erbaut.

MEIN PERSÖNLICHER TIPP

An allen Donnerstagen von Juli bis September fährt das Öchsle ebenso – ideal für einen Ausflug mit Kindern in den Ferien.

FOTOTIPPS

○ Bahnhof Ochsenhausen
  → Seite 75

○ Anstieg hinter Reinstetten und
  Äpfingen

○ Strecke rund um Barabein
  → Seite 72

ANREISE

Seit ein paar Jahren ist auch die Anreise per Bahn wieder möglich. Der Bahnhof Warthausen, der jahrelang von den Zügen links liegengelassen wurde, konnte im Zuge der Bahnreform reaktiviert werden. Heute halten dort alle RB von und nach Biberach, so dass bei der Anreise bewusst auf den Personenkraftwagen verzichtet werden kann.

IM EINSATZ Die Öchsle-Museumsbahn verkehrt jeden Sonntag und außerdem jeden ersten und dritten Samstag vom 1. Mai bis einschließlich dem zweiten Oktoberwochenende. Zusätzlich verkehren die Dampfzüge jeden Donnerstag im Juli, August und September zwischen Ochsenhausen und Warthausen. Desweiteren finden Nikolaus-, Winterdampf- und Nikolausfahrten statt. Großer Andrang herscht bei

STRECKENKARTE – Öchsle-Museumsbahn

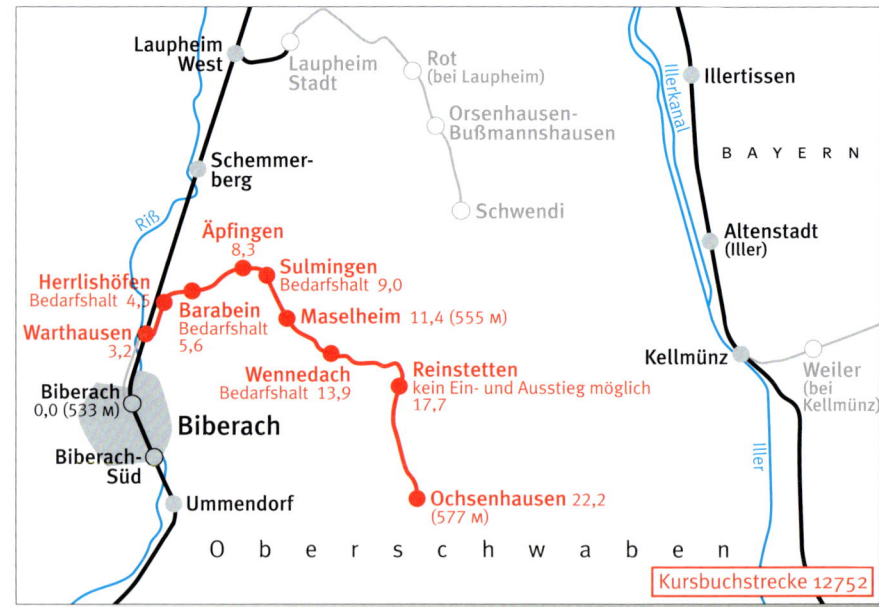

Im historischen Gepäckwagen dürfen auch Fahrräder mit dem Öchsle fahren.

den Mondscheinfahrten sowie den Winter-
und Nikolausdampfzügen.

 FAHRKARTEN UND FAHRPLAN

Fahrkarten für die Öchsle-Museumsbahn
sind beim Zugpersonal am und im Zug
erhältlich. Für Familien gibt es ermäßigte
Familienkarten zu kaufen.

 KONTAKT

Städtisches Verkehrsamt Ochsenhausen
Marktplatz 1
88416 Ochsenhausen
Tel. 07352 / 922026
E-Mail: info@oechsle-bahn.de
www.oechsle-bahn.de

Faszination Dampflok!

Von SINGEN
nach ETZWILEN

Verein zur Erhaltung der Bahnlinie
Etzwilen - Singen
VES

Die langsame Fahrt über die Rheinbrücke zwischen Etzwilen und Hemishofen ist immer wieder faszinierend.

STRECKE (km):   Singen 45,1 < Rielasingen 41,4 < Ramsen 37,8 < Hemishofen 34,3 >

AUF EINEN BLICK

Eröffnung:	1875
Fahrzeit:	60 Minuten
Größte Steigung:	1,2 %
Streckenlänge:	13,3 km
Spurweite:	1435
Museumszüge:	Dampf, Diesel

DER VES-EXPRESS Selbst in Eisenbahner-kreisen relativ unbekannt ist die Bahnstre-cke Singen – Etzwilen mit der markanten Rheinbrücke, der Hemishofer Brücke.

DIE STRECKE Die Bahn verlässt den Bahn-hof Singen in südöstlicher Richtung und führt zunächst durch ein Industriegebiet, dem später Wohnsiedlungen folgen. Es folgt der Ort Rielasingen mit seinem noch vorhandenen Bahnhofsgebäude. Im Moment ist dies noch der nördliche Aus-gangspunkt der Nostalgiefahrten. Fahr-ten ab Singen werden frühestens ab 2014 möglich sein. Rielasingen ist der letzte Ort vor der Grenze, die bei Kilometer 38,3 überquert wird. Die Kilometer werden üb-rigens ab Winterthur gezählt. Rund einen Kilometer ist es noch von der Grenze bis zum Bahnhof Ramsen. Nach dem Verlas-sen des kleinen Bahnhofs verläuft die Stre-cke eben durch Wiesen und Felder zum nächsten Halt, dem Bahnhof Hemishofen. Der Höhepunkt dieser Dampfbahnstrecke ist die Rheinbrücke bei Hemishofen. Diese Brücke, in ähnlichem Stil gebaut wie ver-gleichbare Werke des bekannten Ingeni-eurs Gustave Eiffel, wird von Fachleuten als wertvolles Zeitdokument der Blütezeit des Bahnbaus in der Schweiz bezeichnet. Nach Passieren der Brücke verläuft die Strecke bis zum Bahnhof Etzwilen, der

an der Hauptbahn Kreuzlingen – Schaff-hausen liegt und natürlich elektrifiziert ist. Ab dort herrscht wieder reger Regelbe-trieb. Die Dampflok muss nun ans andere Zugsende wechseln, da die Strecke Rich-tung Schaffhausen eingefädelt hat. Nach dem Umsetzten erfolgt eine rasche Fahrt nach Stein am Rhein mit seiner berühm-ten Altstadt, dem Endpunkt der Nostalgie-fahrt.

GESCHICHTE Die Bahn hat eine wech-selvolle Geschichte: Eröffnet wurde sie bereits 1875. Damals wollte die National-bahngesellschaft mittels einer Verbindung von Singen über Etzwilen – Winterthur – Kloten – Zürich – Baden nach Aarau die Monopolstellung der Nordost- und Cen-tralbahn brechen. Durch die Umfahrung der großen Zentren fuhr die Bahn jedoch an den Menschen vorbei und verfehlte das notwendige Passagieraufkommen, so dass die Nationalbahn Konkurs anmelden muss-te. 1880 ging die Linie an die Nordostbahn und 1902 an die Schweizer Bundesbahnen (SBB) über. Als einzige Strecke der SBB wurde sie nie elektrifiziert. Die mächti-ge Fachwerkbrücke über den Rhein bei Hemishofen befindet sich weitgehend im Ursprungszustand und stammt aus dem Jahr 1875. Der Personenverkehr zwischen Etzwilen und Singen wurde 1969 auf die

Straße verlegt. Die Beförderung der Reisenden mit Bussen wurde von der DB auf Rechnung der SBB übernommen. Danach wurde die Strecke noch von den Zügen der rollenden Landstraße zwischen Rielasingen und Lugano genutzt. Die Rheinbrücke Hemishofen, die fehlende Fahrleitung sowie der Beschluss, das Terminal nach Singen zu verlegen, führten 2004 zur Aufgabe der Linie. Seit 1996 rollt auch der Transitgüterverkehr über die elektrifizierte DB-Linie Singen – Thayngen – Schaffhausen. 2001 gründete sich der Verein zur Erhaltung der Eisenbahnlinie Etzwilen – Singen (VES). Er hat zum Ziel, einen Museumsbahnbetrieb zu betreiben oder zu unterstützen. 2006 konnten die Stiftungen „Museumsbahn Stein am Rhein – Etzwilen – Hemishofen – Ramsen" & „Rielasingen – Singen" (SEHR & RS) sowie „Historische Rheinbrücke Hemishofen" die Bahnlinie auf deutschem und Schaffhauser Boden käuflich erwerben. Die Stiftung Museumsbahn erhielt 2007 für die Strecke von Etzwilen bis Ramsen auf Schweizer Seite eine Infrastrukturkonzession, die einen regelmäßigen Museumsverkehr ermöglicht.

FAHRZEUGE Der Verein zur Erhaltung der Strecke Etzwilen – Singen hat keine eigenen Fahrzeuge. Eingesetzt werden nebst einem Stiftungseigenen MAN Schienebus VT 2.17 und der ex SBB Diesellok Em 3/3 unterschiedliche historische Fahrzeuge befreundeter Vereine und Partner.

STRECKENKARTE – VES-Express

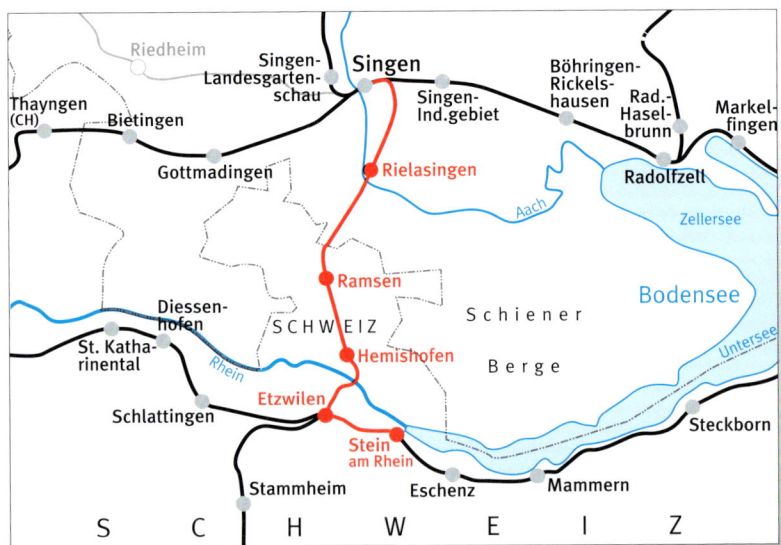

FOTOTIPPS

○   Rheinbrücke Hemishofen
→ Seite 80

○   Nostalgiezüge in den Bahnhöfen

HIGHLIGHT
Fahrt über die Hemishofer Brücke

 ANREISE

Zielbahnhof ist Rielasingen. Parallel zum Dampfzug verkehren Busse der Linie 7349. Das Baden-Württemberg-Ticket ist im Bus bis zur Grenze gültig. Von der Grenze ist es noch weniger als einen Kilometer Fußweg zum Bahnhof Ramsen, den man in der Ferne schon erkennen kann. Bei gutem Wetter ist auch die Anreise mit dem Fahrrad möglich, das im Dampfzug kostenlos befördert wird. Von Singen sind es rund acht Kilometer auf ebener Strecke. Fahrpläne für Bus und Bahn sind leicht unter www.bahn.de zu bekommen.

IM EINSATZ Die Museumsbahn fährt in der Saison 2013 zwischen Singen und Stein am Rhein über Etzwilen. Die Bahn wird am 11. Mai und nachher dis Oktober immer am zweiten Sonntag im Monat befahren. Das Rielasinger Dampflokfest am 11. Mai ist der jeweilige Höhepunkt der Saison. Auf der Strecke werden auch Draisinenfahrten angeboten.

Die Dampflok Ec 3/5 Nr. 3 vor der Abfahrt in Etzwilen. Sie gehört dem Verein Historische Mittel-Thurgau-Bahn.

 FAHRKARTEN

Die Fahrkarten für die Dampf- und Dieselzüge sind im Zug und auf den Stationen während der Fahrtage am Bahnsteig erhältlich. Es werden sowohl Euro als auch Schweizer Franken zur Bezahlung angenommen. Für Kinder gibt es rabattierte Billets.

 KONTAKT

Verein zur Erhaltung der Eisenbahnlinie Etzwilen – Singen (VES)
c/o Beat Joos
Oberwalderstrasse 2
CH-8261 Hemishofen
Tel. (0041) 79405 1375
E-Mail: info@etzwilen-singen.ch
www.etzwilen-singen.ch

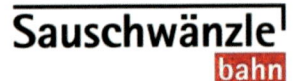

Sauschwänzle bahn

Von WEIZEN nach BLUMBERG-ZOLLHAUS

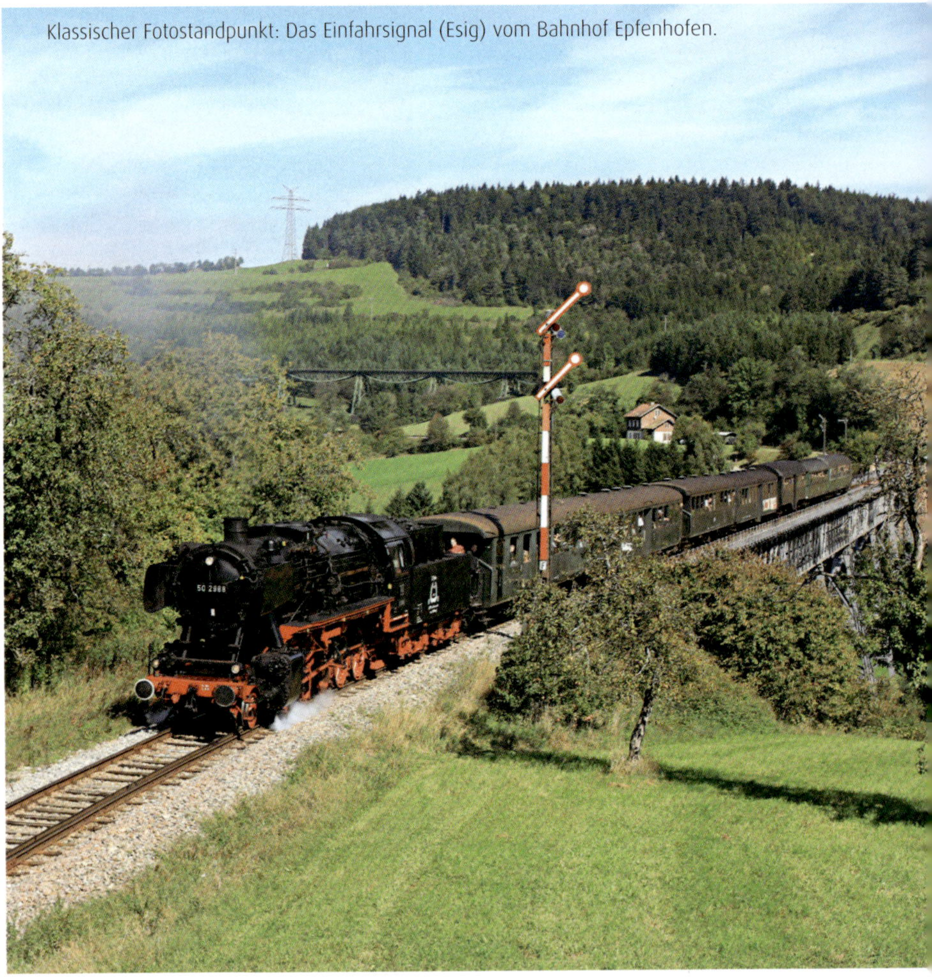

Klassischer Fotostandpunkt: Das Einfahrsignal (Esig) vom Bahnhof Epfenhofen.

STRECKE (km): Blumberg-Zollhaus 46,0 < Wutachblick (nur für Reisegruppen) <

AUF EINEN BLICK

Eröffnung:	1890
Fahrzeit:	65 Minuten
Größte Steigung:	1 %
Streckenlänge:	25,6 km
Spurweite:	1435 mm
Museumszüge:	Dampf, gelegentlich Diesel

DIE SAUSCHWÄNZLEBAHN Die Sauschwänzlebahn gehört sicher zu den bekanntesten Museumsbahnen in Deutschland. Durch ihre Brückenbauwerke und Tunnelanlagen wurde sie weltbekannt. Als Wutachtalbahn wird die gesamte Strecke von Lauchringen an der Hochrheinstrecke bis nach Immendingen an der Schwarzwaldbahn bezeichnet. Während der nördliche Abschnitt zwischen Immendingen und Blumberg-Zollhaus im Regelverkehr durch den „Ringzug" der Hohenzollerischen Landesbahn bedient wird, fahren zwischen Blumberg-Zollhaus und Weizen die Museumszüge der Sauschwänzlebahn. Der untere Abschnitt Weizen – Lauchringen wird an Sonntagen von einem Dieseltriebwagen bedient und dient ansonsten als Zu- und Abfahrt diverser Gastzüge.

DIE STRECKE Die Dampfzugfahrt beginnt im Bahnhof Blumberg-Zollhaus. Wenige hundert Meter nach der Abfahrt vom Bahnhof Blumberg-Zollhaus durchfährt man im Buchbergtunnel (805 m) den Hauptkamm des Randengebirges. Hier wird auch die Europäische Hauptwasserscheide zwischen Rhein und Donau passiert. In Fahrtrichtung rechts eröffnet sich ein herrlicher Blick über das Kommental. Rechts voraus sieht man den Ort Epfenhofen mit dem Epfenhofer Viadukt, der größten Brücke

der Wutachtalbahn. Der Zug passiert nun das Biesenbach-Viadukt. Mit einer Länge von 252 Metern und einer Höhe von 24 Metern ist das Bauwerk eines der beiden größten Viadukte der Strecke. Nach einer Schleife um Epfenhofen befährt der Zug das Epfenhofer Viadukt. Unmittelbar am Ende der Brücke erreicht er den Bahnhof Epfenhofen. Nach dem zweigleisigen Kreuzungsbahnhof verläuft die Bahnstrecke über Dämme und Einschnitte weiter, wobei sich herrliche Ausblicke auf die Viadukte und das offene Tal ergeben. Immer wieder sieht man, wie auf einer Modellbahnanlage, auch die später kommenden Streckenabschnitte. Es folgt der Tunnel am Achdorfer Weg (540 m), bevor der Haltepunkt Wutachblick erreicht wird. Hier wird nur bei Talfahrt und nur für Gruppen ab 15 Personen auf Voranmeldung angehalten. Der Zug fährt nun in Richtung Norden. In Fahrtrichtung rechts liegt der Ort Fützen, in dem die Fahrzeuge der Sauschwänzlebahn stationiert sind. Hier befinden sich Werkstatt und Lokschuppen der Bahn. Wenige Meter nach dem Bahnhof Fützen folgt der Fützener Talübergang mit einer Länge von 153 Metern und einer Höhe von 28 Metern. Nun folgt mit dem Stockhalde-Tunnel der einzige Kreiskehrtunnel Deutschlands, zugleich der zweitgrößte Spiraltunnel Europas und der einzige Schraubtunnel der Welt im Verlauf einer Mittelgebirgsbahn. Er hat

eine Länge von 1700 Metern, einen Kreis-
durchmesser von 700 Metern und führt in
einem 360°-Bogen nach rechts durch den
Berg. Nur etwa 100 Meter der Strecke sind,
vor Austritt aus dem Berg, gerade angelegt, damit die Trasse beim Verlassen des
Tunnels nicht unter sich selbst, also dem
oberen Tunnelportal, herauskommt. Dieser enorme Tunnel wurde nur angelegt, um
15,5 Höhenmeter zu gewinnen! Ihm ver-
dankt die Sauschwänzlebahn ihren Namen.
Die nächste Station ist Grimmelshofen.
Kurz nach Verlassen der Station wechselt
die Bahn innerhalb des 225 Meter langen
Grimmelshofener-Tunnels vom Kommen-
tal ins Wutachtal. Kurze Zeit nach dem
Grimmelshofener Tunnel wird das Wutach-
Viadukt überquert, die vierte der großen
Brücken (107 m lang und 28 m hoch). We-
nige Meter unterhalb des Wutach-Viadukts
fährt der Zug in den 1205 Meter langen
„Weiler Kehrtunnel" ein. Hier wendet
sich die Bahn in einer 180°-Kehre dem
Talausgang zu. Die nun erreichte Station
Lausheim-Blumegg befindet sich mehrere
Kilometer vom eigentlichen Ort entfernt.

Die Fahrt auf der Plattform bietet
ungeahnte Ausblicke.

Die Museumsstrecke führt nun, immer parallel zur B 314, noch ein gutes Stück durch
das flacher werdende Wutachtal. Sehr bald
kommt die Grenze des Schweizer Kantons
Schaffhausen und bei Weizen bildet die
Wutach die Grenze zwischen Deutschland
und der Schweiz. Weizen ist der Endbahnhof der Museumsbahn. Seit 2004 fährt
während der Saison der Sauschwänzlebahn
an Sonn- und Feiertagen eine Regionalbahn von Waldshut über Wutöschingen
nach Weizen und zurück.

GESCHICHTE Die ersten Überlegungen,
eine Bahnlinie durch das Wutachtal zu
bauen, gehen bis ins Jahr 1857 zurück.
Dennoch ging das Wutachtal beim Bau der
ersten Bahnlinien leer aus. Die Gemeinden kämpften weiterhin heftig für einen
Anschluss an das Eisenbahnnetz, was zunächst jedoch erfolglos blieb. Es dauerte
bis 1875, bis das erste Teilstück zwischen
Oberlauchringen und Stühlingen eröffnet werden konnte. Ein Jahr später wurde
die Strecke bis nach Weizen verlängert.
Der Weiterbau in Richtung Norden stock-
te dann infolge geologischer Probleme in
der instabilen Wutachschlucht. Die pro-
jektierenden Ingenieure stellten fest, dass
eine Weiterführung der Bahn durch diese
geologisch junge, erst 20000 Jahre alte
Schlucht unmöglich sei. Damit galt das
Projekt als gescheitert. Einige Jahre später
begann man sich aber von neuem für die
Wutachtalbahn zu interessieren, diesmal
von militärischer Seite: Der deutsche Generalstab stellte ab 1880 Überlegungen an,
wie man im Fall eines weiteren Krieges gegen Frankreich die Logistik mit Hilfe der

Eisenbahn besser organisieren könnte. Im Süden des Deutschen Reiches war aus militärischer Sicht besonders folgendes Problem augenfällig: Wollte man von der Bundesfestung Ulm in das südliche Elsass und so an eine mögliche Front mit Frankreich, musste man dafür die Hochrheinbahn nutzen, die mehrfach durch schweizerisches Gebiet bei Schaffhausen und Basel führte. Beim Bau dieser Strecke war eine Nutzung durch das Militär in einem Staatsvertrag zwischen Deutschland und der Schweiz explizit ausgeschlossen worden. Um dieses Problem zu lösen, überlegte der Generalstab, wie neue Eisenbahnstrecken gebaut werden könnten, die weder größere Steigungen aufwiesen noch über Schweizer Territorium führten. So entschloss man sich zum Bau der heutigen Strecke. Von Hintschingen bis Stühlingen war die Strecke ja bereits fertiggestellt. Trotz absehbar hoher Kosten eines solchen strategischen Bahnbaus und geringem zivilen Nutzen der hauptsächlich durch dünn besiedeltes Gebiet führenden Neubaustrecke kam es ab 1887 zur Durchführung dieses doch abenteuerlichen Eisenbahnbau-Vorhabens. Da die Strecke den Ansprüchen einer militärischen Nutzung genügen musste, durfte die Steigung der Bahn den Wert von zehn Promille nicht übersteigen; das hieß, die Trasse durfte auf einem Kilometer Fahrtstrecke nicht mehr als zehn Meter ansteigen. Die Geografie des Wutachtals brachte es aber mit sich, dass genau in dieser Richtung ein Anstieg von über 230 Metern zu bewältigen war. Die Strecke musste daher einschließlich der ebenen Gleise an den Bahnhöfen über eine Länge von 25 Kilometern ausgeführt werden, obwohl die zu

Gespannt warten die Fahrgäste auf die Abfahrt.

überwindende Entfernung nur 10 Kilometer in der Luftlinie beträgt. 1890 konnte die Wutachtalbahn dem Verkehr übergeben werden. In den Anfangsjahren verkehrten auf der Strecke täglich drei Personenzugpaare. Den intensivsten Betrieb erlebte die Wutachtalbahn Anfang Dezember 1923 aufgrund der französischen Besetzung von Offenburg, wodurch die Oberrheinstrecke und die Schwarzwaldbahn unterbrochen waren und weiträumige Umleitungen über die Hochrheinstrecke, Wutachtalbahn und

MEIN AUSFLUGSTIPP

EISENBAHNMUSEUM Seit 1992 befindet sich im Güterschuppen des Bahnhofs Blumberg-Zollhaus ein kleines Eisenbahnmuseum. Es führt mit zahlreichen Originalexponaten durch die Geschichte der Sauschwänzlebahn mit dem offiziellen Namen „Strategische Umgehungsbahn", im Volksmund auch „Kanonenbahn" genannt. Fotos dokumentieren die Bauzeit. Ein Teil des Stuhlschienenoberbaus mit Werkzeugen stammt aus den Anfangsjahren, Originalpläne und Detailzeichnungen zeugen von genialer Ingenieurleistung. Ein funktionsfähiges Modell lässt den verschlungenen Streckenverlauf nachvollziehen. Viele weitere Objekte lassen die Geschichte der Bahn wieder lebendig

werden. Zusätzlich zeigen im Außenbereich weitere Geräte und Fahrzeuge nostalgisches Bahnleben. Wem Treppensteigen nicht zu mühsam ist, kann im vollständig restaurierten Reiterstellwerk aus Konstanz beim Bedienen der vielen Stellhebel nachvollziehen, welch schwere körperliche Tätigkeit die Arbeit bei der Eisenbahn einst war. Das Museum ist jeweils eine Stunde vor Abfahrt und nach Ankunft der Museumszüge geöffnet. Auf Wunsch können bei Voranmeldung für Gruppen auch Führungen durchgeführt werden. Der Besuch des Museums ist im Fahrpreis inbegriffen.

Gäubahn erforderlich wurden. Mitte der 30er-Jahre des letzten Jahrhunderts wurde entlang der Bahnstrecke Doggererz abgebaut, was dem Güterverkehr einen gewissen Auftrieb verschaffte. Im Sommer 1944 fuhren außerdem mehrere Lazarettzüge über die Wutachtalbahn. Die Nutzung der Wutachtalbahn war aber sowohl in Friedens- als auch in Kriegszeiten mäßig. Durch die Streckenlänge waren sowohl die Gütertarife wie auch die Fahrkarten preislich unattraktiv. Die Fahrpläne und Kursbücher weisen während der gesamten Betriebszeit der Strecke nicht mehr als fünf Personenzüge und einen Güterzug pro Tag aus. Zum anderen war das Militär in beiden

Weltkriegen nicht auf die Strecke angewiesen, obwohl sie oft von Militärzügen befahren wurde. Der durchgehende Verkehr zwischen den Bahnhöfen Lausheim-Blumegg und Blumberg-Zollhaus wurde 1955 eingestellt und fortan mit Omnibussen und Lkws abgewickelt. Ein kurzes Gastspiel gab in diesem Zeitraum im Wutachtal der Schienen-Straßen-Omnibus, ein sowohl auf der Straße als auch auf der Schiene lauffähiges Fahrzeug. Von 1962 bis 1965 wurde die Strecke auf Kosten der NATO durchgehend saniert. Der Personenverkehr auf dem 15 Kilometer langen Abschnitt Blumberg-Zollhaus – Hintschingen wurde 1967 eingestellt, die insgesamt 24 Kilome-

Dampflok 86 333 überquert am frühen Morgen mit dem ersten Zug Epfenhofen.

ter lange Strecke Lauchringen – Lausheim-Blumegg folgte 1971. Im Jahr 1976 legte die Deutsche Bundesbahn den gesamten Abschnitt zwischen Weizen und Blumberg-Zollhaus still. Ab 1977 verkehrten auf der Strecke die ersten Museumsbahnzüge.

FAHRZEUGE Die Hauptlast des Museumsverkehrs trägt die Tenderdampflok 86 333, die Ende der 90er-Jahre vom Bayerischen Eisenbahnmuseum Nördlingen übernommen wurde. Bis kurz nach der Wende war die Einheitsdampflok im Erzgebirge beheimatet. Der Star im Wutachtal ist die Güterzugdampflok 50 2988. Die dritte re-

gelmäßig eingesetzte Dampflok auf der Sauschwänzlebahn ist der österreichische Dampfer 93 1360 von 1927. Für Sonderveranstaltungen gibt es noch einen Trieb-

DAMPFLOK 86 333

Baujahr	1939
Leistung:	1030 PSi
Höchstgeschwindigkeit:	70 km/h
Länge über Puffer:	13,8 Meter
Hersteller:	Wiener Lokomotivfabrik Floridsdorf
Museumslok seit:	1997
Eigentümer:	Wutachtalbahn e.V.

wagen, den Sauschwänzleexpress. Hierbei handelt es sich um einen Dieseltriebwagen, gebaut von der Maschinenfabrik Esslingen. Das Fahrzeug war lange Jahre bei der Hohenzollerischen Landesbahn im Einsatz. Die Züge bestehen vorwiegend aus Schweizer Personenwagen. Daneben kommen so genannte Umbauwagen, die früher bei der Deutschen Bundesbahn liefen, zum Einsatz. Diese Fahrzeuge wurden aus alten Länderbahnfahrzeugen in den 50er-Jahren umgebaut. Desweiteren sind mehrere Dienstfahrzeuge sowie als Denkmaldampflok die in der DDR rekonstruierte Kriegslok 52 8012 im Bahnhof Blumberg-Zollhaus aufgestellt. Künftig soll ein separater Zug der Stadt Blumberg, bestehend aus Umbauwagen und der Dampflok 262, die bisher eingesetzten Fahrzeuge des Vereins Wutachtalbahn e. V. ergänzen.

ESSLINGER TRIEBWAGEN VT 3

Baujahr:	1952
Leistung:	2 x 155 PS
Höchstgeschwindigkeit:	90 km/h
Länge über Puffer:	23,5 Meter
Hersteller:	Maschinenfabrik Esslingen
Museumslok seit:	1995
Eigentümer:	Stadt Blumberg

 FOTOTIPPS

○ Viadukt Epfenhofen → Seite 89

○ Viadukt Fützen → Seite 91

○ Hinter dem Viadukt Epfenhofen Richtung Blumberg → Seite 84

Der Dieseltriebwagen „Walfisch" ermöglicht die An- und Abreise aus/in Richtung Waldshut.

Für Sonderfahrten steht der Esslinger Triebwagen VT 3 zur Verfügung. Das Fahrzeug stammt von der Hohenzollerischen Landesbahn.

STRECKENKARTE – Sauschwänzlebahn

DAMPFLOK 50 2988

Baujahr:	1942
Leistung:	1625 PSi
Höchstgeschwindigkeit:	80 km/h
Länge über Puffer:	22,9 Meter
Hersteller:	Wiener Lokomotiv-fabrik Floridsdorf
Museumslok seit:	1986
Eigentümer:	Wutachtalbahn e.V

ANREISE

Zielbahnhöfe sind Weizen oder Blumberg-Zollhaus. Blumberg-Zollhaus wird von den Zügen der Hohenzollerischen Landesbahn, Verkehrsbetrieb Ringzug, angefahren. Ein Zustieg in die modernen Regioshuttle-

Das Wasserfassen von 50 2988 im Bahnhof Weizen ist ein gern beobachtetes Schauspiel.

Triebwagen ist in Immendingen an der Schwarzwaldbahn von Karlsruhe und Konstanz, in Tuttlingen an der Gäubahn von Stuttgart sowie der Donautalbahn von Ulm möglich. Weizen wird an Sonn- und Feiertagen mit dem Zug von Waldshut aus erreicht.

FAHRKARTEN

Die Sauschwänzlebahn-Fahrkarten können vor Ort an den Schaltern wie auch vorab im Internet erworben werden.

KONTAKT

Fahrkarten- und Reservierungsanfragen:
Stadt Blumberg
Postfach 120
78170 Blumberg
Tel. 07702 / 477604
(Mo. - Fr. von 8.00 bis 12.00 Uhr)
E-Mail: info@sauschwaenzlebahn.de
www.sauschwänzlebahn.de
Fahrzeuge:
Verein Wutachtalbahn e.V.
Postfach 310
78176 Blumberg / Baden
Email: info@wutachtalbahn.de
www.wutachtalbahn.de
Der Förderverein:
Interessengemeinschaft
Wutachtalbahn e. V.
c/o Dietmar Niche
Kirchstraße 26/1
79585 Steinen
Tel. 07627 / 8844
E-Mail: schatzmeister@ig-wtb.de
www.ig-wtb.de

Schienenwege
gestern und heute – Thüringen

Die Eisenbahnen im heutigen Bundesland Thüringen wurden bis 1994 von der Deutschen Reichsbahn betrieben. Diese spielte in der DDR eine ungleich wichtigere Rolle als die DB in der BRD. Daher blieben dort weitaus mehr Bahnanlagen in ihrer ursprünglichen Form erhalten als im Westen. Mit der Übernahme durch die DB AG erfolgte eine grundlegende Modernisierung, die aber mit einem massiven Kahlschlag verbunden war. Entsprechend faszinierend sind die Bildvergleiche mit den Motiven aus der DR-Zeit und der heutigen Situation. Ein wichtiges Dokument der Zeitgeschichte.

144 Seiten, Hardcover, Format 22,0 x 29,7 cm, ca. 250 Farb- und historische Schwarzweißfotos

Best.-Nr. 581302 | € 24,95 (Subskriptionspreis bis 31.07.2013: € 22,95)

Erscheint im Herbst 2013

Schürzen-Schnellzugwagen, Teil 1
Speisewagen, Schlafwagen, ABC4ü-38, BC4ü-39, C4ü-38, Schürzenwagen in Österreich.

Best.-Nr. 201001 | € 12,50

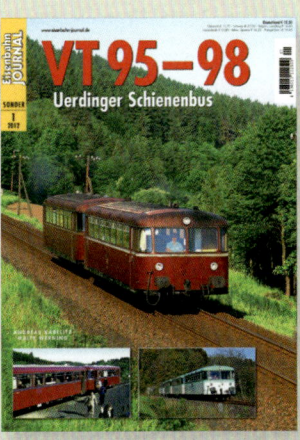

VT 95 – 98
Der Uerdinger Schienenbus

Der enorme Kostendruck bei der jungen DB bildete die Grundlage für die beispiellose Erfolgsgeschichte des „Uerdingers", der nach Änderung einiger Details in Serie beschafft wurde. Eine stattliche Anzahl Schienenbusse ist bei Museums- und Touristikbahnen erhalten und bietet noch immer den markanten Sound der Büssing-Motoren.

92 Seiten DIN-A-Format, über 140 Abbildungen, Klammerheftung

Best.-Nr. 531201 | € 12,50

Erhältlich beim Fachhandel oder direkt beim VGB-Bestellservice,
Am Fohlenhof 9a, 82256 Fürstenfeldbruck
Tel. 0 81 41 / 5 34 81-0, Fax 0 81 41 / 5 34 81-100, www.vgbahn.de

VGB
[VERLAGSGRUPPE BAHN]

Sauschwänzlebahn, Epfenhofener Brücke.

Vom Staatsbahnhof
nach TROSSINGEN-STADT

In Trossingen-Bahnhof kann man nach Rottweil und Villingen umsteigen.

STRECKE (km):   Trossingen-Stadt 0,0 > Trossingen-Staatsbahnhof 3,9

AUF EINEN BLICK

Eröffnung:	1898
Fahrzeit:	10 Minuten
Größte Steigung:	3,5 %
Streckenlänge:	3,9 km
Spurweite:	1435
Museumszüge:	Elektrisch

DIE TROSSINGER EISENBAHN Nur knapp vier Kilometer lang ist die Strecke der Trossinger Eisenbahn. Eigentlich wäre die Anschlussbahn der Stadt Trossingen zum Staatsbahnhof Trossingen an der Linie Rottweil – Schwenningen – Villingen nichts Besonderes, wäre die Bahnlinie nicht schon 1898 als elektrische Eisenbahn gebaut worden.

DIE BAHN Die Bahnlinie zwischen dem württembergischen Rottweil und dem badischen Villingen wurde bereits 1869 eröffnet. Trossingen bekam an dieser Linie einen Bahnhof, der allerdings vier Kilometer vom eigentlichen Ort Trossingen entfernt lag. Die örtlichen Fuhrunternehmer konnten die gestiegenen Transporte zum Bahnhof nicht mehr bewältigen, weshalb in Trossingen 1897 von 15 weitsichtigen Menschen die „Aktiengesellschaft Elektrizitätswerk und Verbindungsbahn Trossingen" gegründet wurde. Der Baubeginn erfolgte schnell, noch vor Erteilung der Konzession zum Bau und Betrieb der neuen Verbindung durch König Wilhelm II. Bereits 1898 fuhr der erste elektrische Zug vom Staatsbahnhof Trossingen nach Trossingen-Stadt. Aufgrund der großen Steigung, die überwunden werden musste, entschloss man sich von Anfang an, die Bahn elektrisch mit 600 V Gleichspan-

nung zu betreiben. Damit ist die Trossinger Eisenbahn ein Pionier des elektrischen Bahnbetriebs. Der kurzen Stichbahn sollte in ihrer ursprünglichen Form ein langes Leben beschieden sein. Erst 2003, nach über 105 Betriebsjahren, wurde der Betrieb von der Hohenzollerischen Landesbahn AG (HzL) mit modernen Dieseltriebwagen des Typs Regioshuttle im Zuge der Einführung des Ringzuges übernommen. Die Bahnstrecke sowie die historischen Elektrofahrzeuge befinden sich nach wie vor im Eigentum der Stadtwerke Trossingen. Für den Ringzugbetrieb werden die Gleise, Signalanlagen sowie der Ringzugbahnsteig in Trossingen Stadt der HzL zur Verfügung gestellt.

FAHRZEUGE Alle Schienenfahrzeuge der Trossinger Eisenbahn sind absolute Unikate. Sie wurden speziell für die Trossinger Eisenbahn gebaut und sind größtenteils sogar bis heute einsatzfähig. Von 1898 und damit die ersten Fahrzeuge der Bahn sind der Triebwagen T1 und der Beiwagen B2. Sie wurden 1990 wieder in den Auslieferungszustand von 1898 zurückversetzt. E-Lok EL 4 „Lina" wurde für den stark angestiegenen Güterverkehr 1902 direkt an die Trossinger Eisenbahn geliefert. Die Maschine wurde 1967 außer Dienst gestellt und 1990 zusammen mit dem Triebwagen

TRIEBWAGEN T 1 „ZEUG CHRISTE"

Baujahr:	1898
Leistung:	2 x 68 PS
Höchstgeschwindigkeit:	25 km/h
Länge über Puffer:	10,0 Meter
Hersteller:	MAN/AEG
Museumsfahrzeug seit:	1990
Eigentümer:	Stadtwerke Trossingen

T1 und dem Beiwagen B3 wieder in den fahrbereiten Ursprungszustand zurückversetzt. Mit diesen drei Fahrzeugen besitzt die Trossinger Eisenbahn den ältesten betriebsbereiten Elektrozug der Welt!

Vierzig Jahre nach der Eröffnung der Bahn kam mit dem Triebwagen T 3, der auch Sonntagswagen genannt wird, ein neues Fahrzeug nach Trossingen. Der

bei der Esslinger Maschinenfabrik gebaute vierachsige Wagen war mit vier unterschiedlichen Bremssystemen und Totmannschaltung zur Überwachung des Triebfahrzeugführers damals technisch auf dem modernsten Stand. Mit 60 Sitzplätzen und 34,6 Tonnen Gesamtgewicht ist der T3 das größte und stärkste Fahrzeug bei der Trossinger Eisenbahn.

Ebenfalls in der Maschinenfabrik Esslingen wurde 1956 der Triebwagen T 5 gebaut. Er wurde 1986 nach mehr als 30 Jahren Einsatzzeit bei der Maschinenfabrik Rastatt komplett überholt und wird heute noch gerne wegen seiner tollen Rundumsicht zu Sonderfahrten eingesetzt.

Zum siebzigsten Geburtstag 1968 gab es einen weiteren Neubautriebwagen. Der Triebwagen T 6 war gleichzeitig aber auch die letzte Fahrzeugbeschaffung der Trossinger Eisenbahn. Bei den Fahrgästen war

Triebwagen T1 mit Beiwagen und Lok „Lina".

HIGHLIGHT
Kostenlose Mondscheinfahrten

TRIEBWAGEN T 5

Baujahr:	1956
Leistung:	2 x 82 PS
Höchstgeschwindigkeit:	50 km/h
Länge über Puffer	12,3 Meter
Hersteller	Maschinenfabrik Esslingen/SSW
Museumsfahrzeug seit:	2003
Eigentümer:	Stadtwerke Trossingen

Im Herbst 2012 war tatsächlich einmal der Vollmond bei den Mondscheinfahrten zu sehen, als der Triebwagen T 5 in Trossingen-Stadt aufgerüstet wurde.

der Wagen wegen seiner modernen Federung berühmt-berüchtigt. Hüpfend wie ein Känguru pendelte der Triebwagen 34 Jahre lang zwischen den beiden Trossinger Bahnhöfen hin und her und erfüllte die in ihn gesetzten Erwartungen voll.

Innenansicht des Sonntagstriebwagen T 3.

 FOTOTIPPS

○   Auf freier Strecke

○   Bahnhof Trossingen-Stadt
→ Seite 99

 ANREISE

Die Anreise mit der Bahn ist sehr bequem. Das Museum befindet sich direkt am Bahnhof Trossingen-Stadt. Die Ringzüge der Hohenzollerischen Landesbahn (HzL) fahren den Bahnhof Trossingen-Stadt etwa 50mal am Tag an und bieten damit optimale Anschlüsse aus Rottweil (Gäubahn Stuttgart – Singen) sowie aus Villingen-

STRECKENKARTE – Trossinger Eisenbahn

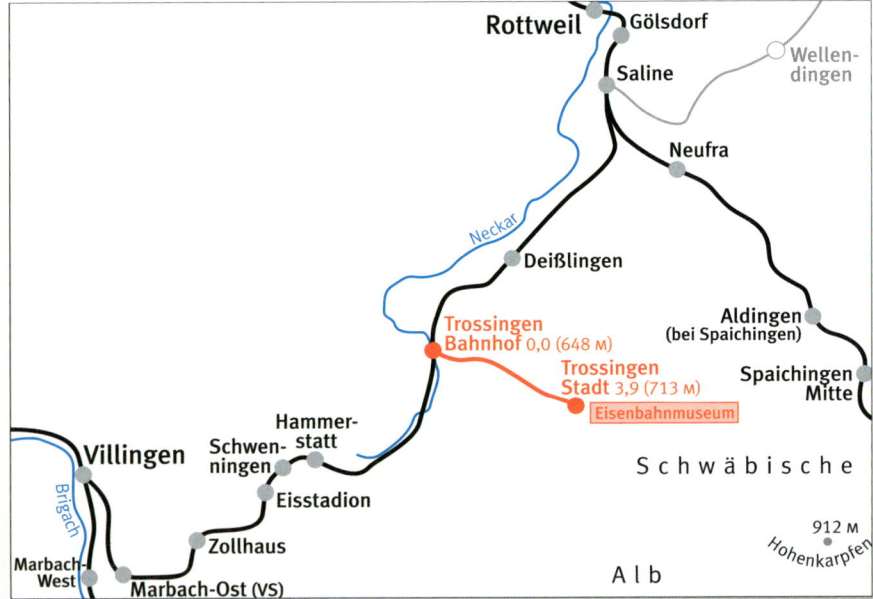

MEIN TIPP

MUSEUM Das Museum der Trossinger Eisenbahn befindet sich in den ehemaligen Betriebsräumen der Eisenbahngesellschaft. Dort sind die historischen Fahrzeuge, die man während den Öffnungszeiten ausgiebig besichtigen und auch betreten kann, witterungsgeschützt abgestellt. In den original erhaltenen Fahrgasträumen lässt sich der Reisekomfort der jeweiligen Epoche nachvollziehen. Die Gepäckabteile und die Führerstände der unterschiedlichen Fahrzeuge zeigen den Arbeitsplatz und die Arbeitsbedingungen der damaligen Bahnbediensteten. Neben den Fahrzeugen beschäftigt sich das Museum mit dem Gleisbau. Eine Ausstellung zeigt den Museumsbesuchern, dass beim „Trossinger Bähnle" alle Maschinen und Einrichtungen vorhanden waren, die für einen sicheren, zuverlässigen und pünktlichen Personen- und Güterverkehr benötigt wurden. Weiter sind in diesem liebevoll und professionell eingerichteten Museum viele Unterlagen, Einrichtungen und Werkzeuge aus der Zeit der Trossinger Eisenbahn zu besichtigen.

Schwenningen (Schwarzwaldbahn Karlsruhe – Konstanz). Fahrplanauskünfte gibt es unter www.bahn.de. Das Baden-Württemberg-Ticket gilt natürlich auch in den Zügen der HzL. Aus der Region ist die 3er-Verbundkarte eine preisgünstige Fahrkarte zur Anreise.

VERANSTALTUNGEN + ÖFFNUNGSZEITEN

Das Museum in der Fahrzeughalle am Trossinger Stadtbahnhof ist jeweils von April bis Oktober an jedem ersten Sonntag im Monat geöffnet. Mehrmals im Jahr sind die historischen Elektrofahrzeuge auch wieder auf ihrer einstigen Strecke als Sonderzüge unterwegs. Die exakten Ein-

satztage finden sich auf der Homepage des Freundeskreises der Trossinger Eisenbahn. Auf Wunsch und gegen eine kleine Spende wird das Museum auch außerhalb der regulären Öffnungszeiten geöffnet.

 KONTAKT

Freundeskreis der Trossinger Eisenbahn e. V.
Bahnhofstraße 9
78647 Trossingen
Tel. 07425 / 9402-36 (evtl. Anrufbeantworter, es wird gerne zurückgerufen)
E-Mail: info@trossinger-eisenbahn.de
www.trossinger-eisenbahn.de

Von LÖFFINGEN
nach SEEBRUGG

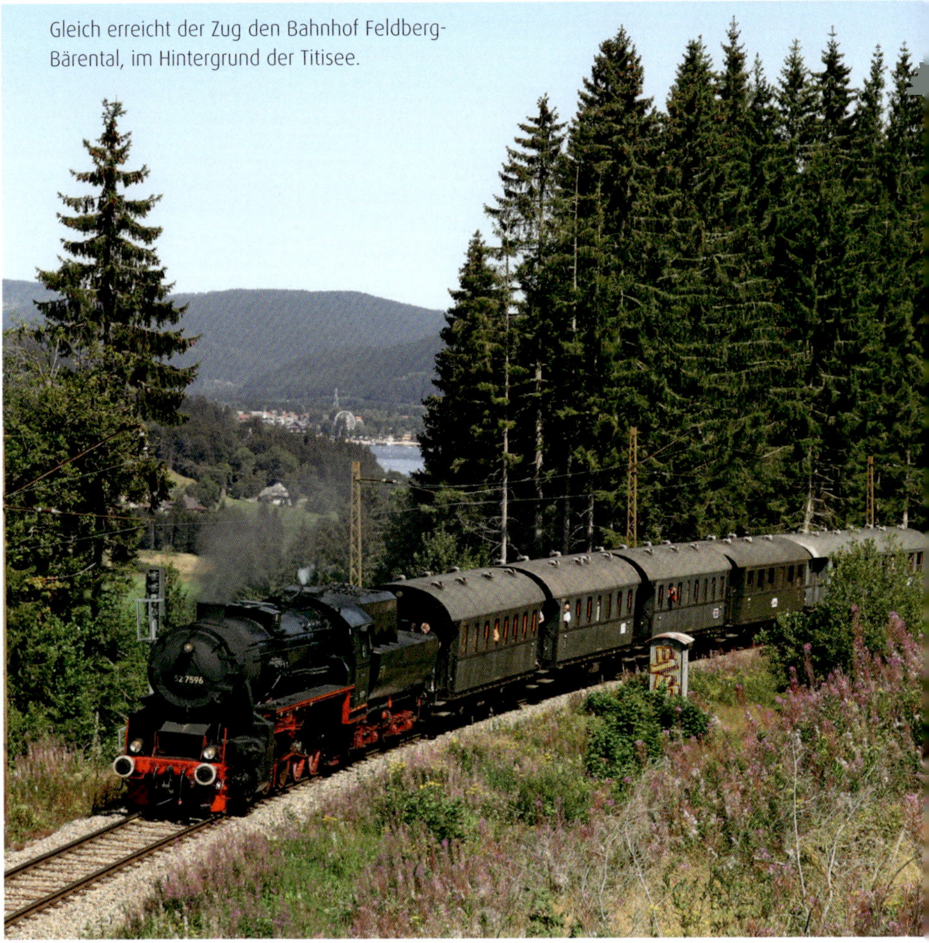

Gleich erreicht der Zug den Bahnhof Feldberg-Bärental, im Hintergrund der Titisee.

AUF EINEN BLICK

Eröffnung:	1901 (Obere Höllentalbahn)
Eröffnung:	1926 (Dreiseenbahn)
Fahrzeit:	Seebrugg – Titisee (48 Min.)
Fahrzeit:	Titisee – Löffingen (30 Min.)
Größte Steigung:	2 %
Spurweite:	1435 mm
Museumszüge:	Dampf

DIE DREISEEN- UND OBERE HÖLLENTAL-BAHN Im Hochschwarzwald gibt es neben der von Freiburg über Titisee nach Donaueschingen führenden, sehr bekannten Höllentalbahn auch noch die Dreiseenbahn, die ihren Namen von den drei Seen hat, die an der Strecke liegen: Titisee, Windgfällweiher und Schluchsee. Die Strecke wird von Zügen der DB Regio im Stundentakt bedient. Seit 2008 kümmert sich der Verein IG 3-Seenbahn um die Vermarktung der Strecke und die museumsgerechte Erhaltung des Endbahnhofs Seebrugg. Im Hochsommer und zwischen Weihnachten und Silvester finden dazu jeweils Dampfzugfahrten statt.

DIE STRECKE Die Züge der IG 3-Seenbahn e. V. starten im Bahnhof Löffingen an der Höllentalbahn, die bis zum Bahnhof Titisee genutzt wird. Die Bahnstrecke steigt nach dem Bahnhof in Richtung Rötenbach an. Hinter Rötenbach wird die Fahrt spannend: Es folgen die vier Tunnel der Strecke, der Kapf-Tunnel mit einer Länge von 203 Metern, der Setze-Tunnel mit einer Länge von 104 Metern, der Hörnletunnel, mit 266 Metern der längste, und zum Schluss noch der Finsterbühl-Tunnel mit 166 Metern Länge. Die Bahn sinkt jetzt in das Gutachtal ab und wechselt auf einer großen Brücke die Talsei-

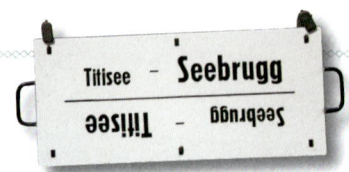

Einfahrt in den Bahnhof Löffingen, den östlichen Endpunkt der Nostalgiefahrten.

te. Dort, am ehemaligen Bahnhof Kappel-Gutachbrücke, zweigte bis 1976 die Nebenbahn nach Bonndorf ab. Die Strecke wurde inzwischen in einen Radweg umgewandelt. Als nächster Bahnhof folgt Neustadt im Schwarzwald. Ab dort ist die Strecke auch elektrifiziert. Über das Wiesenhochtal der Gutach und den ehemaligen Haltepunkt Hölzlebruck auf der rechten Seite wird der Bahnhof Titisee erreicht. In Titisee trifft die Strecke aus Donaueschingen auf die Dreiseenbahn, nach der sich der Verein benannt

hat. Die Gleise der Dreiseenbahn verlassen den Bahnhof Titisee in einer großen Rechtskurve und arbeiten sich am Rand des Titisees zum höchstgelegenen Normalspurbahnhof der Deutschen Bahn empor. Der Bahnhof Feldberg-Bärental liegt auf einer Höhe von 967 Metern über dem Meer. Das Bahnhofsgebäude erlangte durch die Fernsehserie „Schwarzwaldklinik" eine gewisse Bekanntheit. Die Bahn verläuft nun weiter durch den dichten Tannenwald zum Haltepunkt Altglashütten-Falkenau. Nun folgt

Zwischen Schluchsee und Seebrugg fährt der Zug entlang des Stausees.

Aha, aber vor Erreichen dieses Haltepunkts sieht man durch den Wald auf der in Fahrtrichtung rechten Seite den Windgfällweiher hindurchschimmern. Kurz nach Aha kann man zum ersten Mal einen Blick auf den Schluchsee werfen, der die Bahn bis zum Endbahnhof begleiten wird. Zuvor wird noch auf einer Steinbrücke eine Ausbuchtung des Schluchsees und der Haltepunkt Schluchsee passiert.

GESCHICHTE 1912 wurde der Bau der Dreiseenbahn Titisee – Schluchsee – Seebrugg durch den badischen Landtag abgesegnet. Zu diesem Zeitpunkt war die ebenfalls von den Museumszügen befahrene Höllentalbahn schon elf Jahre zwischen Freiburg und Donaueschingen in Betrieb. Der Erste Weltkrieg verzögerte die Planungen der Dreiseenbahn allerdings um einige Jahre. Erst 1919, sieben Jahre nach Baugenehmigung, gab es den ersten Spatenstich. 1926 konnte die Bahnlinie zum Schluchsee letzt-

lich feierlich eröffnet werden. Im Volksmund bekam die Stichstrecke aufgrund der langen Bau- und Planungszeit den Namen Ewigkeitsbahn. 19,2 Kilometer lang ist die Dreiseenbahn vom Bahnhof Titisee bis nach Seebrugg. Außer der Fischbachbrücke beim Bahnhof Schluchsee waren keine größeren Bauwerke notwendig, so dass der Bau relativ kostengünstig war. Recht schnell, zwischen 1934 und 1936,

Schauverladung im Museumsbahnhof Seebrugg

In voller Fahrt geht es über das Gutach-Viadukt.

mit Lokomotiven der DR-Baureihe 143 (243) auf der Dreiseenbahn. 2008 drohte der komplette Rückbau der Gleisanlagen in Seebrugg, was durch den Verein IG 3-Seenbahn erfolgreich verhindert werden konnte.

DER VEREIN Der noch junge Verein hat inzwischen mehrere erfolgreiche Betriebsjahre hinter sich. Das Vereinsziel ist die Aufnahme eines regelmäßigen Museumsbetriebs im Hochschwarzwald auf der Dreiseenbahn Titisee – Seebrugg (Kursbuchstrecke 728) sowie auf dem Abschnitt Titisee – Neustadt (Schwarzwald) – Löffingen der Höllentalbahn (Kursbuchstrecke 727) in Zusammenarbeit mit den Gemeinden des Hochschwarzwaldes, örtlichen Hoteliers und Tourismusverbänden. Nach Möglichkeit sollen diese Fahrten mit historischen Dampf-, Diesel- und Elektrotriebfahrzeugen sowie Personen- und Güterwagen durchgeführt werden, die früher regulär auf der Höllental- und Dreiseenbahn unterwegs waren. Der thematische Schwerpunkt soll dabei auf den Fünfziger-Jahren liegen, als im Hochschwarzwald sowohl Dampfloks als auch Diesel- und Elektroloks anzutreffen waren. Ergänzt werden sollen die historischen Zugpferde durch den Einsatz von historischen Reisezügen und Güterzügen, um den früheren Zugverkehr im Hochschwarzwald erlebbar nachstellen zu können. Ein weiteres Ziel ist die Erhaltung des Endbahnhofs Seebrugg. Er verfügt über große Gleisanlagen, die schon viele Jahre nicht mehr genutzt wurden, sich aber noch weitgehend im Zustand von 1926 befinden.

wurde die Strecke elektrifiziert. Dennoch wurden weiterhin auch Dampfloks der Baureihen 75, 50 und 85 eingesetzt. Erst knapp 25 Jahre nach der Elektrifizierung konnte auf den Dampfbetrieb vollständig verzichtet werden. Bis zum Ende des Jahres 2002 war die Dreiseenbahn sogar in den nationalen Fernverkehr eingebunden. Als Direktzug in die Urlaubsregion Hochschwarzwald verkehrte ein Interregio von Emden bis nach Seebrugg. Heute fahren fast ausschließlich Doppelstockzüge

---

HIGHLIGHT

Fantastische Ausblicke auf den Hochschwarzwald

Ende einer Dampfzugfahrt: In Löffingen enden die Dampfzüge
nach der Fahrt über die Höllentalbahn von Titisee.

FOTOTIPPS

○ Bahnhof Löffingen mit Flügel-
signalen → Seite 104, 107

○ Steinviadukt über die Gutach
zwischen Neustadt und Rötenbach → Seite 106

○ Oberhalb vom Bahnhof Feldberg-Bärental mit Titisee im
Hintergrund → Seite 102

○ Rund um den Bahnhof Schluchsee
→ Seite 105

○ Ausfahrt Bahnhof Titisee mit
Stellwerksgebäude

 ANREISE

Die Anreise zu den Dampfzügen erfolgt
entweder von Donaueschingen kommend
nach Löffingen, der östlichsten Station der
Sonderzüge. Löffingen ist mit Direktzügen
von Rottweil und Ulm erreichbar. Eine
andere Möglichkeit besteht in der Anreise
über Freiburg. Freiburg ist mit Fernverkehrszügen und direkten Regionalzügen
von Basel und Offenburg sehr gut angebunden. Über die Höllentalbahn erreicht man
Titisee. Dort besteht die Möglichkeit, in die
historischen Dampfzüge umzusteigen.

IM EINSATZ Die Dampfzüge der
IG 3-Seenbahn fahren am letzten Juli- und

STRECKENKARTE – Dreiseenbahn

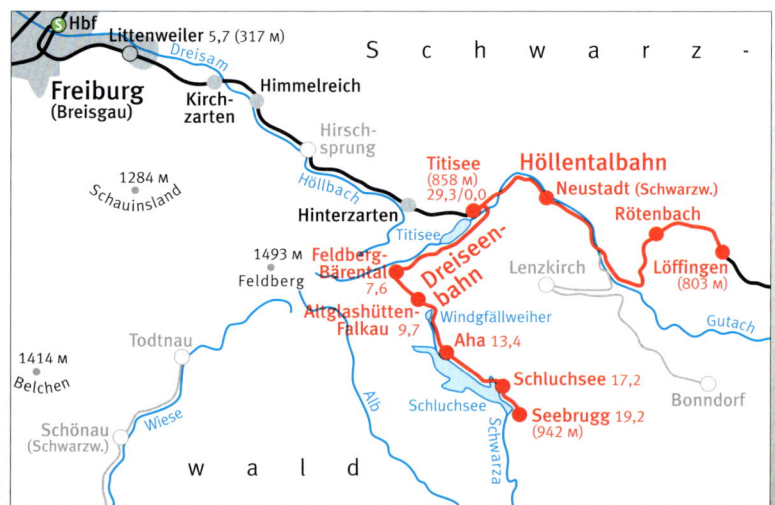

Im Bahnhof Titisee wird im Sommer wie in alten Zeiten zu Schau-Zwecken Expressgut verladen.

den Augustwochenenden zwischen Löffingen und Seebrugg über Neustadt und Titisee. Sehr erfolgreich waren die über den Jahreswechsel 2012/13 erstmals angebotenen Fahrten im Winter, so dass diese Züge auch künftig wieder verkehren werden. Der Höhepunkt der Saison sind die Schluchseer Dampftage. Der aktuell gültige Fahrplan wird vor den Einsatztagen auf www.3seenbahn.de veröffentlicht.

 KONTAKT

IG 3-Seenbahn e. V.
Jens Reichelt
Wiesenstraße 40
79227 Schallstadt
Tel. 0 76 64 / 40 28 46 2
E-Mail: info@3seenbahn.de
www.3seenbahn.de

 FAHRKARTEN UND FAHRPLAN

Fahrkarten sind am Bahnsteig oder im Zug beim Schaffner des Vereins der IG 3-Seenbahn erhältlich. Reguläre Fahrscheine haben keine Gültigkeit.

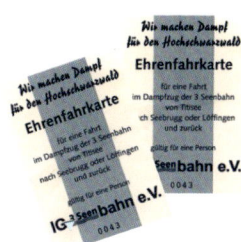

Von HALTINGEN
nach KANDERN

Zahlreiche Fahrgäste erwarten den Nachmittagszug im Bahnhof Wollbach.

AUF EINEN BLICK

Eröffnung:	1895
Fahrzeit:	45 Minuten
Größte Steigung :	1,7%
Streckenlänge:	12,9 km
Spurweite:	1435
Museumsbahn:	Dampf und Diesel

DIE KANDERTALBAHN „CHANDERLI"

Nahe Basel, im Markgräfler Land, zuckelt im Sommerhalbjahr das liebevoll „Chanderli" genannte Bähnle an Sonn- und Feiertagen zwischen Haltingen und Kandern. Bereits 1968 verkehrte dort der erste Dampfzug des Vereins „Eurovapor".

DIE STRECKE Die Kandertalbahn führt von Haltingen an der Hauptstrecke Basel – Freiburg nach Kandern. Die Strecke verlässt den Bahnhof Haltingen in einer engen Rechtskurve durch ein Gewerbegebiet in Richtung Binzen. Noch vor Binzen folgt die Unterquerung der Autobahn A 98, ehe der erste Haltepunkt erreicht wird. Kurz hinter Binzen zweigt die Strecke ins Kandertal ab und führt entlang der Bundesstraße 316 nach Rümmingen, das ebenfalls einen Haltepunkt hat. Nun folgt der Haltepunkt Wittlingen mit seinem Unterstand aus Holz. Auf einer sechs Meter langen Stahlbrücke wird der Wollbach überquert, der dem nachfolgenden Ort seinen Namen gab. Im Bahnhof Wollbach finden gelegentliche Zugkreuzungen statt. Das Tal wird nun enger und die Bahnstrecke steigt an. Schwere Züge erhalten ab Wollbach sogar eine Schub- oder Vorspannlok. Als zweitletzter Haltepunkt vor Kandern kommt nun der Bahnhof Hammerstein. Über den ehemaligen Haltepunkt Wolfs-

TRIEBWAGEN VT 3

Baujahr:	1928
Leistung:	2 Motoren mit je 154 PS
Höchstgeschwindigkeit:	70 km/h
Länge über Puffer:	13,9 Meter
Hersteller:	Sächsische Waggonfabrik, Werdau
Museumstriebwagen seit:	1985
Eigentümer:	Eurovapor

schlucht und eine 8,5 m lange Brücke über die Kander verläuft die Strecke nun am linken Ufer des Bachs bis zum Bahnhof Kandern, der Endstation der Museumsbahn. Hier befindet sich heute der Betriebsmittelpunkt mit einem Lokschuppen aus den

60er-Jahren und einer Wagenhalle zur sicheren Abstellung der historisch wertvollen Fahrzeuge.

GESCHICHTE Die Eisenbahn im Kandertal ist über 100 Jahre alt. 1895 erfolgte die Eröffnung der Strecke nach dem Bau durch die Firma Vering & Waechter, die den Betrieb 1899 an die Deutsche Eisenbahn-Betriebsgesellschaft AG übergab. 1963 wurde die Kandertalbahn von der Südwestdeutschen Verkehrs AG (SWEG) übernommen. Die Kandertalbahn war noch nie eine staatliche Eisenbahn, sondern schon immer in Händen privater Bahngesellschaften. Nach einem Unwetter 1983 gab es einen Dammrutsch bei Wollbach, der zur Folge hatte, dass der Verkehr zuerst zwischen Wollbach und Kandern und schließlich 1985 auf der gesamten Strecke eingestellt wurde. Bereits im Jahr 1968 verkehrten die ersten historischen Dampfzüge auf der Strecke; damals noch unter Regie des Vereins „Eurovapor". Seit 1986 betreibt der Zweckverband Kandertalbahn als Eigentümer der Infrastruktur zusammen mit der Kandertalbahn als Eigentümer der Fahrzeuge hier eine Museumsbahn. Die Strecke konnte wieder instandgesetzt werden.

FAHRZEUGE Die Fahrzeuge der Kandertalbahn werden durch den Verein Kandertalbahn in betriebsfähigem und möglichst historisch authentischem Zustand als technikgeschichtliche Sammlung erhalten. Die Sammlung zeigt die Entwicklung der Nebenbahnfahrzeuge von der Eröffnung des Bahnbetriebes über spätere Erweiterungen

Triebwagen VT 3 kann auch Personenwagen schleppen.

Von Kandern nach Haltingen fährt die Dampflokomotive rückwärts.

des Fuhrparks, die Umstellung auf Diesel-betrieb bis hin zur Einstellung des regulä-ren Betriebs auf. Der Dampf-Personenzug, der als Museumszug auf der Kandertal-bahn die Hauptlast trägt, ist ein typischer Zug einer privaten Nebenbahn zu Anfang des 20. Jahrhunderts. Drei Dampfloks sind auf der Kandertalbahn zu Hause. Seit 2011 wieder betriebsfähig ist die Dampf-lok 93 1378, eine Lok der Baureihe 378 der österreichischen Bundesbahnen. Die Lok von 1927 wurde nach dem Nummern-schema der Deutschen Reichsbahn mit der Angliederung Österreichs an das Deutsche Reich im Jahr 1938 als 93 1378 bezeich-net. 1990 wurde sie vom Verein „Eurova-por" übernommen und anschließend auf der Sauschwänzlebahn (siehe Seite 86) eingesetzt, ehe sie zur Kandertalbahn kam. Sie zieht die Museumszüge.

Augenblicklich nicht betriebsfähig ist die Dampflok 8532 „Tigerli". Bei ihr han-delt es sich um eine Rangier-Tenderloko-motive von 1916, die von den Schweizer Bundesbahnen beschafft wurde. In den Jahren 1902 bis 1915 wurden 83 Loko-motiven dieses Typs von der Schweizeri-

schen Lokomotiv- und Maschinenfabrik Winterthur geliefert. Ebenfalls nicht mehr betriebsfähig ist die Dampflok 30, eine preußische T 3 von 1904. Gebaut wurde sie in großen Stückzahlen für die Staatsbahn, aber auch für viele private Nebenbahnen

HIGHLIGHT
Perfekt restaurierte Fahrzeuge

in ganz Deutschland. Lok 30 ist seit 1955 in Kandern stationiert, nachdem sie zu-vor bei anderen badischen Nebenbahnen im Einsatz stand. Sie soll bis 2014 wieder dampfen. Seit 2012 wieder in Kandern ist die ehemalige Denkmallok aus Staufen, die alte Kandertalbahn-Lok 7 aus dem Jahr 1907. Sie wurde inzwischen optisch aufgearbeitet. Ein Schmuckstück ist auch der vorhandene Triebwagen. Ende der 1920er-Jahre wurden von der Deutschen Reichsbahn-Gesellschaft Triebwagen mit Verbrennungsmotoren erprobt. Zu die-

DAMPFLOK 93 1378 (378.78)

Baujahr:	1927
Höchstgeschwindigkeit:	60 km/h
Länge über Puffer:	11,96 Meter
Hersteller:	StEG (Landesbefugte Maschinenfabrik der privilegierten Österreichisch-Ungarischen Staatsbahngesellschaft), Wien
Museumslok seit:	1979
Eigentümer:	Eurovapor

Deutsche Eisenbahn-Betriebsgesellschaft AG übernommen. Er war, wie die Dampflok 30, bei verschiedenen Privatbahnen im badischen Raum im Einsatz, zuletzt bei der Kandertalbahn. Mit ihm wurde bis zur Einstellung der Strecke der Verkehr abgewickelt.

Der Museumsbahndampfzug besteht aus historisch wertvollen badischen Nebenbahnfahrzeugen. Der älteste Wagen im Museumszug ist der Wagen Ci 44, der 1894 von der Waggonfabrik Ludwigshafen gebaut wurde. Neben weiteren Waggons badischer und deutscher Privatbahnen sind auch noch so genannte Donnerbüchsen im Zug eingestellt. Diese Fahrzeuge wurden in großen Mengen von der Deutschen Reichsbahn in den 1920er-Jahren beschafft und waren in ganz Deutschland und teilweise den Nachbarländern im Einsatz. Zwei Dieselloks und ein Lokomotiv-Drehkran ergänzen die Sammlung.

sen Versuchsfahrzeugen gehörte auch der heutige VT 3 der Kandertalbahn. 1928 ursprünglich als 4-Zylinder-Benzoltriebwagen gebaut, wurde der Triebwagen im Jahr 1935 zur Leistungssteigerung auf zwei Sechszylinder-Dieselmotoren umgebaut. Danach wurde das Fahrzeug durch die

Am Zugschluss wird ein Güterwagen für Fahrräder und Kinderwagen mitgeführt.

Im Lokschuppen Kandern gibt es regelmäßige Führungen,
dort ist auch 93 1378 (378.78) beheimatet.

FOTOTIPPS

○   Bahnhof Wollbach   → Seite 110

○   Bahnhof Haltingen

○   Zwischen Hammerstein und
     Kandern   → Seite 117

ANREISE

Der Zielbahnhof Haltingen liegt an der
Rheinschiene unweit von Basel. Direkte
RE-Züge zwischen Basel SBB und Frei-
burg halten in Haltingen. Mit Umstieg in
Basel Badischer Bahnhof erreicht man
auch mit einem IRE von Ulm über Fried-

richshafen und Radolfzell die Kandertalbahn. Zur Anreise empfiehlt sich das
Baden-Württemberg-Ticket, das auch bis
nach Basel SBB gültig ist.

IM EINSATZ Die Züge verkehren jeden
Sonntag von Mai bis Oktober. Der Zug
pendelt jweils dreimal zwischen Kandern
und Haltingen.

FAHRKARTEN UND FAHRPLAN

Fahrkarten für die Züge der Kandertalbahn
sind an den Schaltern in Haltingen oder im
Bahnhof Kandern, beim Zugpersonal am
und im Zug erhältlich. Für Familien gibt es

STRECKENKARTE – Kandertalbahn

Dampflok 30 von 1904 ist zur Zeit nicht betriebsfähig; sie soll jedoch 2013 wieder aufgearbeitet werden.

ermäßigte Familienkarten. Die Fahrradmitnahme im Zug ist ebenfalls möglich. Wer möchte, kann gegen einen Zuschlag auf der Dampflok mitfahren. Dazu ist allerdings eine Voranmeldung bei der Tourist-Information Kandern erforderlich.

 KONTAKT

Tourist-Information Kandern
Hauptstraße 18
79400 Kandern
Tel. 07621 / 972356
Zweckverband Kandertalbahn
Postfach 1128
79400 Kandern
E-Mail: info@kandertalbahn.de
www.kandertalbahn.de

Im Triebwagen hat man als Fahrgast freien Blick auf die Strecke.

Der Dampfzug der Kandertalbahn mit dem Triebwagen VT 3 hinter der Lok kommt talwärts und erreicht am letzten warmen Sonntag des Jahres 2012 in wenigen Minuten den Bahnhof Wollbach.

Von Riegel-Malterdingen
nach BREISACH

Mit der Computernummer 064 419-5
ist die Leihlok der DBK Historische Bahn
rund um den Kaiserstuhl unterwegs.

STRECKE (km): Riegel-Malterdingen 26,0 < Riegel-Ort 24,0 < Endingen 20,0 < Königschaffhausen 17,0

AUF EINEN BLICK

Eröffnung:	1894/1895
Fahrzeit:	Je nach Angebot
Größte Steigung:	0,85 %
Streckenlänge:	26,0 km
Spurweite:	1435 mm
Museumszüge:	Dampf und Diesel

DER REBENBUMMLER Der westlich von Freiburg gelegene Kaiserstuhl wird von zwei Bahnlinien umrundet. Eine davon ist die Kaiserstuhlbahn. Auf ihr verkehrt seit 1978 der Museumsdampfzug „Rebenbummler". Die historischen Fahrzeuge sind Originalfahrzeuge der Kaiserstuhlbahn oder waren jahrzehntelang dort im Einsatz.

DIE STRECKE Die Bahnlinie gehört der landeseigenen Südwestdeutschen Verkehrs-AG (SWEG). Die westliche Kaiserstuhlbahn (Riegel-Malterdingen – Endingen – Breisach) gehört zu den schönsten Bahnlinien Deutschlands. Im Bahnhof Riegel-Malterdingen zweigt die Bahnstrecke von der Hauptbahn Offenburg – Freiburg ab. Nach wenigen Minuten Fahrzeit passiert die Strecke die Autobahn A 5 mit einer Unterführung. Danach hat man einen schönen Blick auf den St. Michaelsberg und seine Kapelle sowie die denkmalgeschützten Gebäude der ehemaligen Riegeler Brauerei. Die Bahnstrecke überquert auf einer alten Stahlbrücke den Leopoldskanal, der aus den drei Schwarzwaldflüssen Dreisam, Glotter und Elz gebildet wird. Anschließend wird der Bahnhof Riegel-Ort passiert. In Riegel zweigt der östliche Teil der Kaiserstuhlbahn ab, der über Bahlingen, Nimburg, Eichstetten und Bötzingen nach

Gottenheim führt und dort Anschluss an die Breisacher Bahn Freiburg – Breisach der DB AG hat. Nach Riegel geht es weiter nach Endingen, dem heutigen Betriebsmittelpunkt der modernen Kaiserstuhlbahn. Die ehemals vorderösterreichische Stadt Endingen hat einen sehenswerten Stadtkern. Weiter führt die Bahnlinie über Königschaffhausen nach Sachbach an der Nordseite des Kaiserstuhls durch fruchtbare Felder und Obstplantagen. Bei Sasbach schwenkt die Bahn nach Süden ab und berührt die Wälder der Rheinauen. Ab Jechtingen schlängeln sich die Gleise mitten durch die berühmten Weinberge des Kaiserstuhls. Bei Burkheim-Bischoffingen sieht man erstmals den Totenkopf, die mit 552 Metern höchste Erhebung des Kaiserstuhls. Nach Burkheim-Bischoffingen hat man auch einen herrlichen Blick ins Rheintal und zu den Vogesen. In einem großen Bogen wird Oberrotweil erreicht. Vor Achkarren zeigt sich nochmals der Totenkopf, ehe wieder die Rheinebene mit

ihren Obstplantagen und Feldern erreicht wird. Am Endbahnhof Breisach trifft die Bahn auf die Hauptstrecke aus Freiburg, die bis zum Ende des Zweiten Weltkriegs mit einer Rheinbrücke über die Grenze zu Frankreich nach Neuf-Brisach und Colmar führte und dort den Anschluss an das französische Eisenbahnnetz herstellte.

GESCHICHTE Im Jahr 1894 wurde von einem Badischen Eisenbahnkonsortium die private Kaiserstuhlbahn mit der Strecke Endingen – Riegel – Gottenheim gebaut und eröffnet. 1885 wurde die restliche Strecke Endingen – Breisach eröffnet. Die Kaiserstuhlbahn wurde 1897 von der Süddeutschen Eisenbahn-Gesellschaft AG (SEG) mit Sitz in Darmstadt übernommen, die die Kaiserstuhlbahn 1953 an die Mittelbadische Eisenbahnen AG in Lahr übergab. Seit 1971 gehört die Kaiserstuhlbahn zur heutigen SWEG. Die Strecke hat seit 2002 durch neue Triebwagen vom Typ

Bei Hugstetten wird bei einer Überführungsfahrt die Dreisam überquert.

Der MAN-Schienenbus ist zur Zeit außer Dienst. Sein weiteres Schicksal ist ungewiss.

RegioShuttle eine deutliche Aufwertung erhalten und bietet einen modernen Nahverkehr. Sie ist im Regio-Verkehrsverbund Freiburg (RVF) integriert. Bis 2018 soll die moderne Kaiserstuhlbahn für den S-Bahnverkehr elektrifiziert werden.

FAHRZEUGE Während die Strecke von der Südwestdeutschen Eisenbahngesellschaft unterhalten wird, werden die historischen Fahrzeuge von den Eisenbahnfreunden Breisgau e.V. gepflegt und restauriert. Der Star am Kaiserstuhl ist die Lok 384.

Die Dampflok wurde 1927 bei Henschel & Sohn gebaut und als SEG 384 an die Kaiserstuhlbahn geliefert. Im Zweiten Weltkrieg war sie auf der SEG-Strecke Worms – Offstein im Einsatz und danach auf der Bregtalbahn Donaueschingen – Furtwangen der SEG. Erst 1963 kam sie als Dampfreserve wieder in ihr Heimatbahnbetriebswerk Endingen an die Kaiserstuhlbahn zurück. 1973 wurde sie durch die Eisenbahnfreunde Breisgau e.V. erworben und war von 1978 bis 2004 im Einsatz. Seit 2005 ist sie leider nicht betriebsfähig. Der Verein entschloss sich, die

Der MAN-Triebwagen ist ein Schlepptriebwagen. Er kann auch anstelle der Dampflok den Zug ziehen.

HIGHLIGHT
Fahrt durch die Weinberge

Lok mit einem neuen Kessel auszustatten, was eine Investitionssumme von weit über 300000 Euro bedeutet. Die Aufarbeitung konnte bislang noch nicht abgeschlossen werden. Während der Abwesenheit der eigenen Dampflok werden die historischen Waggons des Rebenbummlers vom MAN-Schienenbus der SWEG und Leihdampfloks wie der 64419 der DBK Historische Bahn e. V. bespannt.

Der historische Zug selbst besteht aus Plattformwagen der Baujahre 1904 bis 1926, teilweise mit offenen Plattformen, einem Güterwagen von 1906 zum Fahrradtransport sowie einem Riegeler Bierkühlwagen von 1928 für den Getränketransport. Ergänzend führt der Zug einen „Reko-Wagen" mit, der 1969 von der Reichsbahn in der DDR umgebaut wurde. Mit der V 34.04 befindet sich eine 3-achsige, nicht betriebsfähige Diesellok im Vereinsbestand. Nicht betriebsfähig hinterstellt ist noch der Triebwagen T 21, der von der Firma Linke-Hoffmann-Busch AG zwischen 1928 und 1930 gebaut wurde.

DAMPFLOK 384

Baujahr:	1927
Leistung:	800 PSi
Höchstgeschwindigkeit:	40 km/h
Länge über Puffer:	10,9 Meter
Hersteller:	Henschel & Sohn
Museumslok seit:	1978
Eigentümer:	Eisenbahnfreunde Breisgau e.V.

Die Stammlok des Rebenbummlers, Lok 384, ist zur Zeit nicht betriebsfähig. 2002 war sie auf der Sauschwänzlebahn bei Epfenhofen im Einsatz.

FOTOTIPPS

○ Brücke über den Leopoldskanal vor Riegel

○ Zwischen Jechtingen und Oberrotweil in den Weinbergen
→ Seite 120

 ANREISE

Startbahnhof ist Riegel-Malterdingen. Dorthin gelangt man von Offenburg und Freiburg mit einer Regionalbahn und dem RegionalExpress mindestens im Stundentaktverkehr. Der Rebenbummler fährt dort vor dem DB-Empfangsgebäude ab.

IM EINSATZ Unterwegs sind die Züge des Rebenbummlers von Mai bis Ende Oktober an Sonn- und Feiertagen rund um den Kaiserstuhl.

ANGEBOTE Die Eisenbahnfreunde Breisgau bieten mit dem Rebenbummler verschiedene Veranstaltungen an. Während für die Bummelzugfahrten keine Voranmeldung und Platzreservierung erforderlich ist, muss man sich für die anderen Fahrten anmelden. Neben den beschriebenen Genießer-, Erlebnis- und Bummelzugfahren gibt es zusätzlich den Spargelexpress, den Zweiländerdampf sowie die Verananstaltung „Goldener Herbst" zum Saisonabschluss.

STRECKENKARTE – Rebenbummler

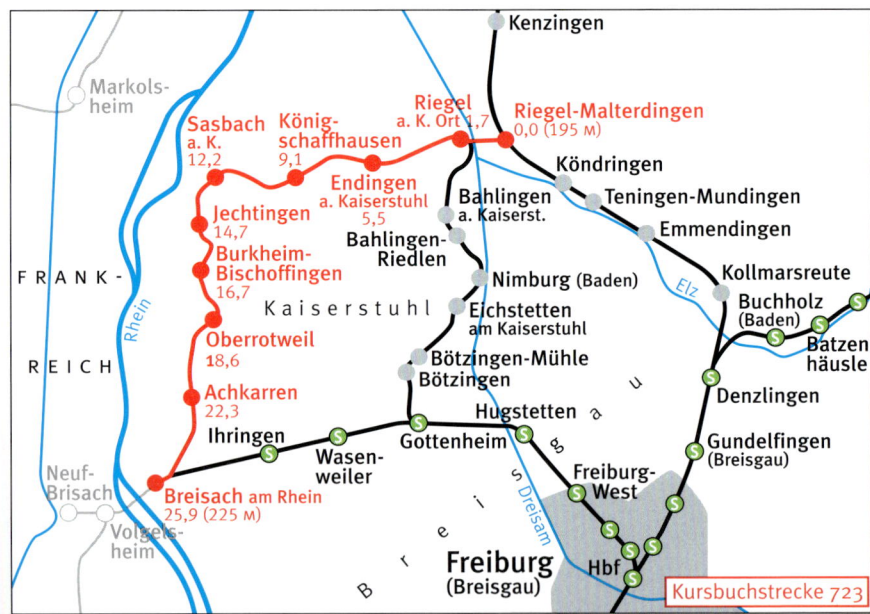

Rollende Weinprobe Mit dem Reben-bummler zur Weinprobe in die Weinberge: Die Fahrt beginnt mit einem Empfang mit Wein und Brezeln am Bahnhof Riegel DB. Während der Fahrt durch die Reben sind sechs Weinsorten zu verkosten. Der Zug hält jeweils in der Lage des Weins, der sich gerade im Ausschank befindet.

Erlebnisfahrten Die Erlebnisfahrten sind besonders für kleine Gruppen oder Be-triebsausflüge gedacht: Die Fahrt beginnt, wie die Rollende Weinprobe, ebenfalls mit einem Empfang mit Wein und Brezeln am Bahnhof Riegel-Malterdingen und führt zunächst nach Endingen. Auf einem ge-führten Rundgang lernt man dort die se-henswerte historische Altstadt kennen. Da-ran schließt sich ein rustikales Mittagessen in Endingen an, bevor die Fahrt weiter nach Breisach führt.

Bummelzugfahrten Diese Fahrten sind das klassische Angebot für Kurzentschlos-sene. Ideal geeignet sind sie für einen Ausflug für die ganze Familie. In den his-torischen Waggons mit der „Holzklasse" geht es von Riegel-Malterdingen durch die Obstgärten und später durch die Weinber-ge nach Breisach, wo rund fünf Stunden Aufenthalt zu einer Schifffahrt auf dem Rhein und einem Besuch des Münster-berges sowie der Altstadt geeignet sind. Diese Programmpunkte sind aber nur Empfehlungen und müssen selbst orga-nisert werden Die Schiffskarten sind im Zug erhältlich.An den Herbstterminen des Rebenbummlers hat der Zug Aufenthalt in Oberrottweil nördlich von Breisach . Dort können Reisende den Dampfzug verlassen und das überregional bekannte Weinfest besuchen.

Schön restauriert sind die Fahrzeuge auch innen, wie dieses Bild der „Holzklasse" zeigt.

 KONTAKT

Fahrkarten und Reservierungen:
Kaiserstühler Verkehrsbüro
Adelshof 20
79346 Endingen
Tel. 07642 / 6899-0
(Mo bis Fr 9 - 12 Uhr, 14 - 18 Uhr)
Tel. 07642 / 6899-90
(Sa 10 - 13 Uhr)
E-Mail: info@endingen.de

Kontakt zu den Eisenbahnfreunden:
Eisenbahnfreunde Breisgau e.V.
Lorettostraße 24a
79100 Freiburg im Breisgau
Tel. in der Werkstatt in Emmendingen:
AB 07641 / 53845
E-Mail: info@rebenbummler.de
www.rebenbummler.de

Von ACHERN
nach OTTENHÖFEN

Lok 20 erklimmt mit dem Museumsdampfzug die Steigung nach Kappelrodeck.

STRECKE (km): Achern -0,3 > Achern-Stadt 1,0 > Oberachern 2,5 > Kappelrodeck 6,2 >

AUF EINEN BLICK

Eröffnung:	1898
Fahrzeit:	30 Minuten
Größte Steigung:	3,1 %
Streckenlänge:	10,7 km
Spurweite:	1435 mm
Museumszüge:	Dampf

DIE ACHERTALBAHN Vom modernen Bahnhof Achern, an der Rheinschiene Karlsruhe – Freiburg – Basel gelegen, fährt in den Sommermonaten ein Dampfzug durch die Ortenau ins kleine Örtchen Ottenhöfen am Rande des Schwarzwalds. Stilechte Kleinbahnromantik wie in den 1920er-Jahren des 20. Jahrhunderts bietet der Achertäler Eisenbahnverein seinen Fahrgästen. Die Fahrten mit dem Dampfzügle, das vom Achertäler Eisenbahnverein e. V. zusammen mit der SWEG unterhalten wird, gehören zu den Attraktionen des Feriengebietes. Aber nicht nur Urlaubsgäste, auch Einheimische genießen hin und wieder das nostalgisch-schöne Gefühl einer Dampflokfahrt.

DIE STRECKE Nach Verlassen des Bahnhofs Achern bleiben die Gleise der Oberrheinstrecke rechts zurück. Die Trasse führt durch den südlichen Ortsrand von Achern hinaus durch Wiesen und Obstplantagen. In Fahrtrichtung links wird der lang gezogene Ort Oberachern passiert, es folgt der Haltepunkt Bindfadenfabrik. Nun geht es in die berühmte Weinbaugemeinde Kappelrodeck, wo das edle Tröpfchen „Hex vom Dasenstein" wächst. Weinfreunde werden inzwischen längst bemerkt haben, dass sie nicht aussteigen müssen, um ein „Viertele" dieses edlen Spätburgunders zu genießen. Denn im Buffetwagen werden die Weine von Kappelrodeck kredenzt. Rechts thront über dem Ort das schöne Schloss Rodeck. Ab Furschenbach geht es dann an der rauschenden Acher entlang. Das Tal wird enger und die gute Dampflok kommt mächtig ins Schaufen. Kurz hinter Furschenbach steht eine der viel besungenen „Mühlen im Schwarzwäldertal": die Rainbauernmühle. Sie ist übrigens nicht die einzige in Ottenhöfen, das sich selbst mit gutem Recht „Mühlendorf" nennen darf. Eine letzte Steigung und der Dampfzug fährt in den Bahnhof des Luftkurorts ein. Der Endbahnhof beherbergt das Bahnbetriebswerk für die alten wie auch für die neuen Fahrzeuge der Achertalbahn.

GESCHICHTE Im Achertal bestand ab Mitte des 19. Jahrhunderts ein hoher Bedarf an zeitgemäßer Infrastruktur für die dort ansässigen Industriebetriebe zum Transport ihrer Güter. Daher ging man schon bald an die Planung für eine Anbindung an die Rheintalbahn, die bereits seit 1845 Karlsruhe mit Freiburg verband. Im Jahr 1894 wurde schließlich ein Bahnkomitee gegründet, 1895 waren die Vorarbeiten für den Bau der Bahntrasse von Achern nach Ottenhöfen abgeschlossen. Die zunächst 10,4 Kilometer lange Stichbahn nach Ottenhöfen wurde am 1. September 1898

DAMPFLOK 20

Baujahr:	1928
Leistung:	475 PS
Höchstgeschwindigkeit:	40 km/h
Länge über Puffer:	8,05 Meter
Hersteller:	Maschinenbaugesellschaft Karlsruhe
Museumslok seit:	1988
Eigentümer:	Gemeinde Oberharmersbach, Dauerleihgabe Achertäler Eisenbahnverein

auf der Achertalbahn neue Dieseltriebwagen vom Typ NE 81 oder, wenn möglich, moderne RegioShuttle zum Einsatz. Unter der Woche gibt es annähernd einen Stundentakt, an Samstagen sowie Sonn- und Feiertagen verkehren weniger Züge. Die ersten Museumsdampfzugfahrten im Achertal führte die Deutsche Gesellschaft für Eisenbahngeschichte e.V. (DGEG) schon 1968 durch. Aus dem DGEG-Arbeitskreis Achertal ging 1985 der Achertäler Eisenbahnverein hervor, welcher die Dampfzugfahrten bis heute gemeinsam mit der landeseigenen SWEG veranstaltet.

von der Eisenbahngesellschaft Vering & Waechter eröffnet. Später übernahm die Südwestdeutsche Verkehrs AG (SWEG) den Verkehr, den sie bis heute durchführt. Im regulären Personenverkehr kommen

FAHRZEUGE Für den Einsatz auf der Achertalbahn stehen zwei Dampfloks und ein sehr schön restaurierter Wagenpark aus

Da man im Achertal bereits 1968 den Nostalgieverkehr eröffnete, konnten einige besonders wertvolle Wagen erhalten werden.

In Endbahnhof Ottenhöfen setzt die Dampflok 28 ans andere Zugende um.

Plattformwagen unterschiedlicher Bauart zur Verfügung. Stammdampflok ist Lok 28 mit Baujahr 1900. Sie wurde für die Deutsche-Eisenbahn-Betriebs-Gesellschaft AG (DEBG) bzw. deren Nachfolgegesellschaft Südwestdeutsche Verkehrs AG (SWEG) gebaut und ist vom Typ her eine preußische T 3. Gebaut wurde sie bei Borsig in Berlin. Sie war die letzte Dampflok der SWEG.

Neben der Lok 28 fährt bei der Achertalbahn auch die Lok 20. Sie wurde 1928 von der Maschinenbaugesellschaft Karlsruhe gebaut und ist damit eine echte Badenerin. Seit 1988 ist sie als Dauerleihgabe beim Achertäler Eisenbahnverein zu Hause.

Gezogen werden von den beiden Dampfloks mehrere Personenwagen mit offenen Plattformen. Mit dem Ci 26 ist die Gat-

tung der sog. Donnerbüchsen der Deutschen Reichsbahn-Gesellschaft mit dem Baujahr 1926 vertreten. Als Speisewagen dient der Bi 15, ein Wagen württembergischer Herkunft. Er stammt von 1922. Ein Originalwagen der Achertalbahn ist der

DAMPFLOK 28

Baujahr:	1900
Leistung:	290 PSi
Höchstgeschwindigkeit:	40 km/h
Länge über Puffer	8,3 Meter
Hersteller	Borsig, Berlin
Museumslok seit:	1968
Eigentümer:	Südwestdeutsche-Verkehrs AG

Nach dem Umsetzen steht Lok 28 zur Rückfahrt bereit.

Bi 32. Dieser Wagen wurde 1898 für die Achertalbahn gebaut und war zeitlebens zwischen Achern und Ottenhöfen im Einsatz. Weit herum kam der Wagen Bi 123: 1911 wurde er für die Strecke Bergedorf Süd – Zollenspieker gebaut. Nach deren Stilllegung gelangte er zur Nebenbahn Neckarbischofsheim – Hüffenstadt. Seit 1969 verstärkt der Wagen den historischen Dampfzug im Achertal. Der kleinste Wagen der Achertalbahn ist der Bi 14. Mit seinem Baujahr 1896 ist er auch das älteste Fahrzeug der Bahn. In der Nachkriegszeit war der Wagen viele Jahre auf der Bühlertalbahn und zuletzt auf der Nebenbahn Bad Krozingen – Münstertal – Sulzburg eingesetzt. Der Museumszug wird durch den 1925 gebauten Gepäckwagen mit Postab-

teil PWK 81 vervollständigt. Bei ihm dürfte es sich um den letzten in Deutschland gebauten Galerie-Packwagen handeln. Die Seitengalerie ermöglichte dem Zugpersonal das Passieren des Postabteiles, zu dem es keine Betretungsbefugnis hatte.

Die Fahrzeuge, die teilweise weit über 100 Jahre alt sind, bedürfen viel Pflege. Daher freuen sich die Achertäler Eisenbahnfreunde über jede helfende Hand.

HIGHLIGHT

Historische württembergische und badische Personenwagen

So kann man bei Talfahrt die Achertalbahn erleben.

FOTOTIPPS

○   Bahnhof Ottenhöfen → Seite 135

○   Strecke zwischen Oberachern und Kappelrodeck

○   Bei Furschenbach

 ANREISE

Der Zielbahnhof Achern liegt verkehrsgünstig an der Rheinschiene Karlsruhe – Offenburg – Freiburg. In Achern halten sowohl der Regionalexpress von Konstanz nach Karlsruhe als auch die RE-Züge nach Offenburg. Außerdem ist Achern ein Endbahnhof der Karlsruher Stadtbahn. Die Dampfzüge starten vom Ende der 1980er-Jahre neu erbauten Bahnhof Achern, wie die regulären Züge der Achertalbahn.

IM EINSATZ Unter Dampf steht der historische Zug an ausgewählten Sonn- und Feiertagen im Sommerhalbjahr.

 FAHRKARTEN

Fahrkarten sind bei den Schaffnern im Zug und am Bahnsteig erhältlich.

STRECKENKARTE – Achertalbahn

Im Bahnbetriebswerk In Ottenhöfen erhält die Dampflok neue Vorräte wie Wasser und Kohle.

 KONTAKT

Achertäler Eisenbahnverein e. V.
Großmatt 8
77883 Ottenhöfen

Kultur- und Verkehrsamt Ottenhöfen
im Schwarzwald
Großmatt 15
77883 Ottenhöfen
Tel. 07842 / 804-44
E-Mail: tourist-info@ottenhoefen.de
www.ottenhoefen.de

In voller Pracht sonnt
sich der Dampfzug im
Endbahnhof.

Von KARLSRUHE
nach BAD HERRENALB

Dass auch eine moderne Stadtbahnstrecke Dampflokflair vermitteln kann, beweist die Albtalbahn.

STRECKE (km): Karlsruhe (Hbf) > Ettlingen-Stadt 7,0 > Busenbach 10,5 > Etzenrot 12,4 >

AUF EINEN BLICK

Eröffnung:	1898
Fahrzeit:	40 Minuten
Größte Steigung:	2,5 %
Streckenlänge:	25,8 km
Spurweite:	1435 mm
Museumszüge:	Dampf

DIE ALBTALBAHN Dampfzüge auf der Albtalbahn zwischen Ettlingen und Bad Herrenalb verkehren hier seit über 30 Jahren und gehören fest zum Erscheinungsbild des Naherholungsgebiets Albtal der Region Karlsruhe.

DIE STRECKE Die Dampfzüge der Ulmer Eisenbahnfreunde e. V. fahren am Ettlinger Stadtbahnhof mit seiner großen Bahnsteighalle ab. Als erster Bahnhof wird Waldbronn-Busenbach erreicht. Hier zweigt die Bergstrecke nach Ittersbach ab, die von der S 11 befahren wird. Die nächste Station ist der Bahnhof Etzenrot, während der Bahnhof Fischweier ohne Halt durchfahren wird. Es folgt nun Marxzell mit seinem Technikmuseum, das auf der in Fahrtrichtung linken Seite zu sehen ist. Die Strecke steigt nun an, die Dampflok muss schwer arbeiten. Im Bahnhof Frauenalb-Schielberg kommt der Zug wieder zum Stehen. Die Türme der geschichtsträchtigen Klosterruine sind recht markant. Der Zug steuert nun den Endbahnhof Bad Herrenalb an, der von der Bahnhofshalle dominiert wird, die bis 1978 in Baden-Baden ihren Standort hatte. In Bad Herrenalb wird die Dampflok der Ulmer Eisenbahnfreunde mit Wasser versorgt, ehe sie wieder am anderen Ende des Zuges angekuppelt wird.

GESCHICHTE Ab 1870 gab es Pläne, eine Eisenbahn von Karlsruhe über Ettlingen bis nach Herrenalb zu errichten. Dem Bahnbau stand Ettlingen zunächst sehr kritisch gegenüber, da befürchtet wurde, dass mit der direkten Eisenbahnverbindung nach Karlsruhe eine Eingemeindung der Stadt folgen könnte. Ettlingen konnte von den Vorteilen der neuen Eisenbahn überzeugt werden. Nach Erteilung der Konzession durch die badischen und württembergischen Behörden konnte mit dem Bahnbau begonnen werden. Württemberg? Ja, die Strecke durchquert bei Birkenfeld und Bad Herrenalb württembergisches Gebiet. 1897 erfolgte die Eröffnung zwischen Karlsruhe und Ettlingen, seit 1898 war Bad Herrenalb auf der Schiene erreichbar. Die Rußbelästigung durch die Dampfloks war Anlass, die Strecke bis 1911 zu elektrifizieren. Der Verkehr auf der Albtalbahn entwickelte sich in den ersten Betriebsjahren sehr positiv. Trotzdem geriet die Bahn nach dem Ersten Weltkrieg zunehmend in wirtschaftliche Schwierigkeiten. Die Bahngesellschaft musste Konkurs anmelden. Aus der Konkursmasse übernahm die Deutsche Eisenbahn-Betriebsgesellschaft im Jahr 1932 die Albtalbahn. Durch Modernisierungen, wie die Aufnahme des Rollwagenbetriebs für den Güterverkehr, gelang es, die wirtschaftlichen Verhältnisse der Bahn wieder zu stabilisieren. Nach dem Zweiten Weltkrieg befanden sich sowohl Strecke als auch Fahrzeuge in einem maroden Zustand. Mit Hilfe des Landes Baden-Württemberg gründete die Stadt Karlsruhe 1957 die Albtal-Verkehrsgesellschaft (AVG), die die Albtalbahn übernahm. Es wurde beschlossen, die Albtalbahn der Straßenbahn in Karlsruhe anzupassen und von Schmalspur (1000 mm) auf Normalspur (1435 mm) umzuspuren. Durch weitere Ausbaumaßnahmen in den nachfolgenden Jahren konnte das Angebot für die Fahrgäste laufend verbessert werden.

DAMPFLOK 58 311	
Baujahr:	1921
Leistung:	1540 PSi
Höchstgeschwindigkeit:	65 km/h
Länge über Puffer:	18,5 Meter
Hersteller:	Maschinenbaugesellschaft Karlsruhe
Museumslok seit:	1985
Eigentümer:	Ulmer Eisenbahnfreunde e.V.

FAHRZEUGE Die Dampflok 58 311 der Ulmer Eisenbahnfreunde ist die letzte betriebsfähige Dampflok der ehemaligen badischen Bauart G 12. Sie wurde 1921 von der Maschinenbaugesellschaft Karlsruhe gebaut. Bis 1942 war sie hauptsächlich in Karlsruhe stationiert, kam aber dann, mit zusätzlichem Frostschutz versehen, zum

Eine moderne Stadtbahn trifft in Ettlingen-Stadt auf die alte badische Dampflok.

Im modernen Endbahnhof Bad Herrenalb mit der Bahnhofshalle vom einstigen Bahnhof Baden-Baden setzt 58 311 ans andere Zugende um.

HEIZWAGEN UEF 421

Wasservorrat:	13 m³
Kohlevorrat:	4,5 Tonnen
Länge über Puffer:	17,1 Meter
Baujahr (vermutlich):	1943
Letzte Einsatzstelle:	Bw Gotha

Kriegseinsatz nach Oberschlesien. Nach dem Krieg verblieb sie bei der Deutschen Reichsbahn in der DDR. Nach einer Zwischenstation im Dampflokmuseum Neuenmarkt-Wirsberg kam sie zu den Ulmer Eisenbahnfreunden und konnte 1985 bei den Fahrzeugparaden der DB in Nürnberg zum 150-jährigen Bestehen der deutschen Eisenbahnen erstmals wieder vor großem Publikum eingesetzt werden. An Waggons

Zum Anheizen von ölgefeuerten Dampfloks wie der vereinseigenen 01 1066 wird Fremddampf benötigt. Auch beim Einsatz einer Diesel- bzw. E-Lok ohne Anlage zur Erzeugung von Heizdampf müssen die Wagen mit Dampf versorgt werden.

Hinter der Station Frauenalb-Schielberg erreicht der Zug württembergisches Territorium.
Im Hintergrund die Türme der Klosterruine Frauenalb.

werden ehemalige Eilzugwagen des Typs Bye aus den 1930er-Jahren eingesetzt. Ergänzt werden die Fahrzeuge durch einen Speisewagen. Zusätzlich kommen noch mehrere Eilzugwagen aus den 1960er-Jahren zum Einsatz. Diese Wagen stammen aus Luxemburg und haben eine große Ähnlichkeit zu den Prototypen der Silberlinge der Deutschen Bundesbahn. Für die Beförderung von Fahrrädern ist ein Gepäck- bzw. Güterwagen eingestellt. Eine wagentechnische Besonderheit gibt es bei den Eisenbahnfreunden noch zu bestaunen: Der Heizwagen ist der letzte seiner Art, der betriebsfähig ist. Bei den UEF dient er auch zum Anheizen der mit Schweröl gefeuerten Schnellzuglok 01 1066, die von der Sektion UEF Historischer Dampfschnellzug e.V. betreut wird.

HIGHLIGHT

Einzige badische Güterzugdampflok im Einsatz zu erleben.

Einen Blick auf den Führerstand kann man am besten bei einer Pause in Bad Herrenalb werfen.

FOTOTIPPS

○ Vor dem Bahnhof Ettlingen-Stadt mit dem Schloss Ettlingen im Hintergrund

○ Freie Strecke nach dem Bahnhof Marxzell

○ In den Bahnhöfen Ettlingen-Stadt und Bad Herrenalb

ANREISE

Die Anreise zu den historischen Dampfzügen auf der Albtalbahn erfolgt zum Bahnhof Ettlingen-Stadt. Diesen erreicht man mit der S 1 nach Bad Herrenalb oder S 11 nach Ittersbach. Die Stadtbahnen verkehren in Karlsruhe Hauptbahnhof am Bahnhofsvorplatz.

IM EINSATZ Die Dampfzüge im Albtal zwischen Ettlingen und Bad Herrenalb sind von Mai bis Ende Oktober an ausgewählten Sonn- und Feiertagen unterwegs. Zusätzlich werden um den 6. Dezember Nikolausdampfzüge angeboten.
Die Fahrtermine findet man im Internet unter www.uef-dampf.de und im jährlich erscheinenden grünen Prospekt der an den Tourismusinformationen erhältlich ist.

STRECKENKARTE – Albtalbahn

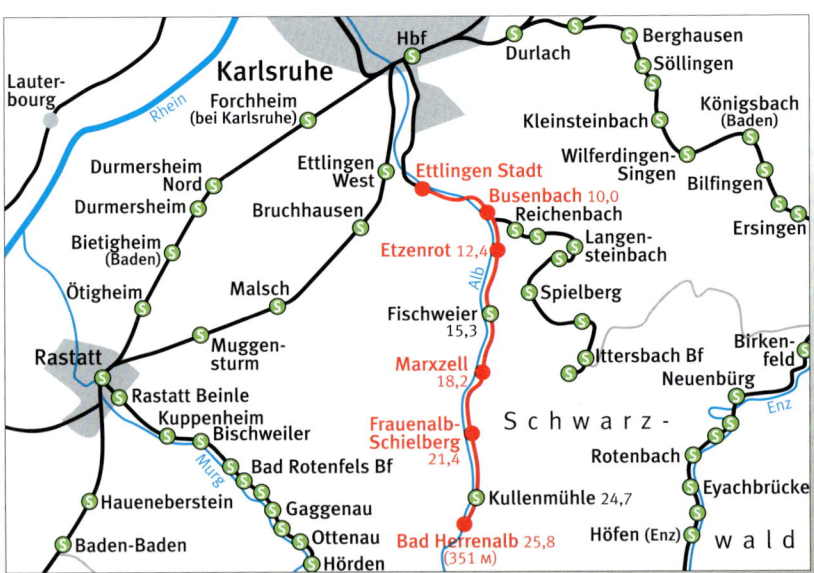

Großer Beliebtheit erfreuen sich auch die Fahrten auf der Murgtalbahn nach Baiersbronn.

 FAHRKARTEN UND FAHRPLAN

Fahrscheine für die Dampfzüge sind im Zug und bei den Schaffnern am Bahnsteig erhältlich. Im Dampfzug sind alle KVV-Fahrkarten in Verbindung mit einem Dampfzuschlag gültig.

 KONTAKT

Ulmer Eisenbahnfreunde e.V. –
Sektion Ettlingen
Bahnhofstraße 12
76275 Ettlingen
Tel. 07243 / 7159686
E-Mail: albtal@uef-dampf.de

Der Karlsruher Zug besteht vor allem aus By-Eilzugwagen.

Regelmäßig verkehrt der Dampfzug der Albtalbahn auch auf der Murgtalbahn zwischen Karlsruhe und Baiersbronn.

Von **BAD CANNSTATT**
zum FERNSEHTURM

Unterwegs durch Stuttgarts Straßen
mit der Oldtimer-Linie 23.

AUF EINEN BLICK

Fahrzeit – Rundkurs:	Linie 21 (35 Min.)
Fahrzeit, einfach:	Linie 23 (40 Min.)
Streckeneröffnung ab:	1889
Größte Steigung:	8,5 %
Streckenlänge:	Linie 21 (11 km)
Streckenlänge:	Linie 23 (27 km)
Spurweite:	1000 mm
Museumszüge:	Elektrisch

HISTORISCHE STRASSENBAHNEN Von allen Städten im deutschen Südwesten hat Stuttgart mit Abstand die größte Sammlung an historischen Straßenbahnen. Mit der neuen Straßenbahnwelt haben die gelben Bahnen nach mehrmaligem Umzug nun einen endgültigen Standort erhalten.

GESCHICHTE 1889 wurde das Unternehmen Stuttgarter Straßenbahnen AG gegründet. Zwei Weltkriege und massivste Zerstörungen, vor allem im Zweiten Weltkrieg, hatten die SSB überstanden. Noch größer war die Gefahr durch den wachsenden Individualverkehr in den 1960er-Jahren des letzten Jahrhunderts, der in anderen Städten dem Straßenbahnbetrieb ein Ende bereitete. In Stuttgart setzte man jedoch weiterhin auf die Schiene und beschloss die Modernisierung der Straßenbahn in eine normalspurige Stadtbahn. Durch die Tieferlegung der Strecken wurde die Kernstadt zu einer jahrelangen Großbaustelle. Das Jahr 1978 brachte eine entscheidende Verbesserung für die Stuttgarter Nahverkehrskunden: Alle öffentlichen Verkehrsmittel konnten nun mit einem einheitlichen Ticket benutzt werden, der Verkehrsverbund Stuttgart war entstanden. 1985 begann eine neue Epoche bei der SSB: Die erste Stadtbahnlinie ging in Betrieb und konsequent folgte eine Linie nach der anderen.

STRASSENBAHNWELT Die Straßenbahnwelt Stuttgart ist in einem denkmalgeschützten Straßenbahndepot von 1929 untergebracht, das der Straßenbahnwelt ein ganz besonderes Ambiente verleiht. Das Museum dokumentiert die Geschichte der Stuttgarter Straßenbahnen und benachbarter Verkehrsunternehmen wie der Filderbahn, der Städtischen Straßenbahn Feuerbach, der Esslinger Städtischen Straßenbahn und der Straßenbahn Esslingen – Nellingen – Denkendorf. Gezeigt werden historische Fahrzeuge von 1868 bis 1986 sowie Gegenstände aus Betrieb und Technik. Das Straßenbahnmuseum ist der Startpunkt der Oldtimerlinien.

VEREIN 1987 wurde der Verein Stuttgarter Historische Straßenbahnen gegründet. Er dokumentiert mit historischen Fahrzeugen und Unterlagen die Geschichte der Stuttgarter Straßenbahnen.

FAHRZEUGE Die bedeutendsten Fahrzeuge sind der ehemalige Filderbahn-Triebwagen Nr. 126 mit dem Baujahr 1912. Er hat eine aufwendige Rettungsgeschichte hinter sich. Das Fahrzeug überlebte die Wirren der Zeit sicher abgestellt auf einem privaten Gartengrundstück in Ludwigsburg. Der heute ältes-

Die Museumslinie 21 hat das Depot in Bad Cannstadt verlassen.

te Triebwagen der Museumssammlung, Tw 222, war als Streusalztransportwagen in Zuffenhausen hinterstellt und wurde bereits in den Fahrzeuglisten der 1960er-Jahre mit dem Vermerk „Museum" geführt. Für ein Jubiläum der Straßenbahn wurde er aufgearbeitet. Tw 340 wurde 1910 erbaut und 1955 umgebaut. Der neue Aufbau wurde wie der alte in Holzbauweise ausgeführt, obwohl die Gartenschauwagen aus dem Jahr 1939 bereits als Leichtbau-Stahlwagen erstellt wurden. Ein weiteres Fahrzeug ist der Tw 859 von 1939. Er wurde, wie sein Schwesterfahrzeug Tw 851, anlässlich der Reichsgartenschau angeschafft. Der offene Sommerwagen BW 20 ist eine komplette Rekonstruktion von 1992 nach alten Plänen auf ehemaligen Pferdebahn-Radsätzen. Bekannt ist der „Feuerbacher Triebwagen" SSF 15. Hierbei handelt es sich in Wirklichkeit um den SSB-Tw 259 mit Baujahr 1929, der zuletzt als Tw 35 bei der

Reutlinger Straßenbahn im Einsatz war. Der älteste in Stuttgart noch vorhandene GT4, der Wagen 519 mit dem Baujahr 1959, repräsentiert heute im Museum die modernste GT4-Version im Zustand von 1990.

 ANREISE

Die Straßenbahnwelt Stuttgart befindet sich in Bad Cannstatt und ist vom DB-Bahnhof Stuttgart-Bad Cannstatt bequem in wenigen Minuten Fußweg erreichbar. Der Weg ist ab dem Südausgang ausgeschildert. Der Einstieg in die Oldtimerlinien 21 und 23 ist am Straßenbahnmuseum möglich.

IM EINSATZ Jeden Sonntag verkehrt die Oldtimerlinie 23 von der Straßenbahnwelt zum Fernsehturm. Die Strecke führt über Mittnachtstraße, Pragfriedhof und Türlenstraße zum Schlossplatz, bevor die Bahn nach dem Charlottenplatz wieder ans Tageslicht zurückkommt. Am Hauptbahnhof/Arnulf-Klett-Passage ist leider kein Halt mehr möglich. Es folgen der Eugensplatz und das Bubenbad, bevor die Endhaltestelle Ruhbank Fernsehturm erreicht wird. Zurück wird die selbe Route genommen. Ebenfalls jeden Sonntag fahren die historischen Straßenbahnen auf der Oldtimer-

HIGHLIGHT

Veranstaltungen in der Straßenbahn-Erlebniswelt in der Langen Nacht der Museen

Nicht nur bei der Langen Nacht der Museen gibt es in der Straßenbahn-Erlebniswelt etwas zu sehen.

linie 21. Die Route führt vom Straßenbahn-museum über die Staatsgalerie und von dort unterirdisch über den Berliner Platz wieder zurück in die Straßenbahnwelt. Bei beiden Linien werden unterschiedliche historische Triebwagen aus dem Bestand der Sammlung eingesetzt.

Ein stiller Zeuge der ehemaligen Straßenbahn Esslingen – Nellingen/Denkendorf.

 FAHRKARTEN UND FAHRPLAN

In den Oldtimerlinien haben reguläre Fahrscheine vom Verkehrsverbund Stuttgart (VVS) keine Gültigkeit. Es gibt für Schüler, Studenten und Schwerbehinderte ermäßigte Fahrkarten. Auch für Familien gibt es eine spezielle Familienkarte. Die Fahrkarten sind ausschließlich beim Schaffner im Zug erhältlich. Für die Linie 23 zum Fernsehturm und das Museum gibt es auch Kombikarten.

 KONTAKT

Straßenbahnwelt Stuttgart
Veielbrunnenweg 3
70372 Stuttgart-Bad Cannstatt
Tel. 0711 / 7885-7770
E-Mail: info@strassenbahnwelt.com
www.strassenbahnwelt.com

KARLSRUHE Nur regional bekannt sind die Einsätze der historischen Straßenbahnen in der Adventszeit in Karlsruhe. Die gepflegten Fahrzeuge verkehren an den Adventssonntagen auf dem kleinen Innenstadtring.

GESCHICHTE Bereits im Jahr 1894 wurde die Karlsruher Straßenbahn-Gesellschaft gegründet. Im Gegensatz zu vielen anderen Städten begann die Stadt Karlsruhe nach dem Zweiten Weltkrieg mit der Modernisierung ihrer Straßenbahn. Heute fahren die Karlsruher Stadtbahnwagen auch überregional von Heilbronn bis nach Freudenstadt sowohl auf Straßenbahn- als auch auf Eisenbahnstrecken.

Bis zur Verwirklichung der Kombi-Lösung (Tieferlegung der Straßenbahn) fahren die historistischen Fahrzeuge durch die Kaiserstraße.

FAHRZEUGE Das Rollmaterial wird von den Aktiven des Vereins Treffpunkt Schienennahverkehr unterhalten und betreut. An Fahrzeugen erhalten sind der Tw 14 von 1899, der Stahlumbauwagen Tw 95 von 1929 und der Spiegelwagen Tw 100 von 1930. Außerdem sind als Nachkriegsfahrzeuge der Kriegsstraßenbahnwagen Tw 115, gebaut 1948, ein Breitraumstraßenbahnwagen Tw 139 mit dem Baujahr 1958 sowie der Tw 12, ein achtachsiger Triebwagen ebenfalls von 1959, vorhanden.

IM EINSATZ An den vier Adventssonntagen verkehren die historischen Straßenbahnen als Adventsringlinie vom Marktplatz über die Ettlinger Straße zum Hauptbahnhof und von dort weiter über die Karlstraße, den Europaplatz und die Kaiserstraße wieder retour zum Marktplatz.

 FAHRKARTEN

Die Mitfahrt in den historischen Straßenbahnen auf der Adventsringlinie ist kostenlos. Spenden zur Erhaltung der Fahrzeuge werden natürlich gerne jederzeit entgegengenommen.

 KONTAKT

Treffpunkt Schienennahverkehr Karlsruhe e.V.
Tullastraße 71
76131 Karlsruhe
Tel. 0721 / 961377-0
E-Mail: mail@tsnv.de
www.tsnv.de

FREIBURG 1994 wurde der Verein „Freunde der Freiburger Straßenbahn e.V." gegründet. Mit dem Adventsverkehr und einem Einsatztag in den Sommermonaten werden die historischen Straßenbahnfahrzeuge am Leben erhalten.

GESCHICHTE Bereits 1901 konnten die seit 1891 bestehenden Pferdeomnibuslinien in Freiburg durch vier elektrisch betriebene Straßenbahnlinien ersetzt werden. Nach Kriegsende setzte man aber auch in Freiburg auf den Omnibus, jedoch nicht zu Lasten des Bestandsnetzes der Straßenbahn. So entstanden in den letzten Jahren viele neue Linien, die alle in Meterspur ausgeführt wurden.

FAHRZEUGE Die älteste noch erhaltene Straßenbahn ist der Triebwagen Nr. 2 aus dem Baujahr 1901. Der Motorwagen 45 von 1914 ist das Herzstück der Sammlung. Von der Freiburger-Verkehrs-AG wird außerdem der Triebwagen Nr. 56 von 1927 erhalten. 2005 wurde zusätzlich der Gelenktriebwagen Nr. 100 wieder zum Fahrgastbetrieb umgerüstet. Ebenso erhalten wird der 2-Richtungs-Gelenkwagen 109.

IM EINSATZ Die Oldtimerlinie 7 verkehrt einmal im Monat von Mai bis September auf der Strecke Stadthalle – Bertoldsbrunnen – Hauptbahnhof – Paduaallee. Die Termine findet man auf der Homepage des Vereins. Im Adventsverkehr fahren historische Straßenbahnen an den Adventssamstagen.

Der Triebwagen 56 von 1927 wird auch im Adventsverkehr eingesetzt.

 FAHRKARTEN

Die Fahrt mit den Oldtimerzügen ist kostenlos. Spenden sind willkommen. Gegen eine Spende von mindestens zwei Euro können limitierte Sonderfahrscheine mit historischem Stempelabdruck erworben werden.

 KONTAKT

Freunde der Freiburger Straßenbahn e.V.
Urachstraße 5
79102 Freiburg
Tel. 0761 / 5902040 (Dietmar Gemander)
E-Mail: info@fdfs.de
www.fdfs.de

Empfehlung:
ANREISE mit der BAHN!

 ANREISE

Abgesehen von der Schweiz hat Deutschland eines der besten Nahverkehrsnetze weltweit. In den letzten Jahren wurde ein Taktfahrplan, auch am Wochenende, zum Regelfall. „Jede Stunde – jede Richtung" war einst der Slogan der Deutschen Bundesbahn. Heute gilt er im Regionalverkehr. Durch die vertakteten Züge ist eine Ab- und Anreise auch ohne Fahrplanstudium kurzfristig möglich. Hochmoderne Fahrzeuge, meist mit Niederflureinstieg und großen Abstellflächen für Kinderwagen und Fahrräder, sowie höchst attraktive Tarife fordern dazu auf, Gebrauch von diesen Angeboten zu machen.

FAHRPLÄNE Fahrplanauskünfte erhält man heute bequem über das Internetportal www.bahn.de. Dort sind nicht nur alle Bahnhöfe zu finden, sondern auch alle Bushaltestellen, die im Linienverkehr bedient werden. Zusätzlich gibt es seit ein paar Jahren Fahrkartenautomaten, die neben dem Ticketverkauf auch Fahrplanauskünfte ausgeben, die ausgedruckt werden können. Damit lässt sich auch im Fall eines verpassten Zuges oder von Verspätungen schnell eine Alternativverbindung finden. In Baden-Württemberg gibt es auch das gedruckte Kursbuch, das vom 3-Löwen-Takt herausgegeben wird. Nicht zuletzt sei auch noch auf die gelben Abfahrtspläne hingewiesen. Sie informieren über die Abfahrt der Züge. Beachten sollte man außerdem die Plakate von Max dem Maulwurf, dem Sympathieträger für baustellenbedingte Einschränkungen im Verkehr der DB AG.

 FAHRKARTEN

Bahnfahren ist heute preiswert wie nie zuvor. Das ist aber nicht der einzige Vorteil einer Bahnreise. Sicher, schnell und einfach sind weitere Attribute, die der modernen Bahn zugeordnet werden können. Für den Ausflug mit dem Zug bieten sich verschiedene Fahrkarten an. Eine Auswahl finden Sie nachfolgend:

Baden-Württemberg-Ticket

Als überregionaler Fahrschein bietet sich das Baden-Württemberg-Ticket an, das für eine Gruppe bis zu fünf Personen an allen Fahrkartenautomaten in Baden-Württemberg zu haben ist. Das Ticket ist immer für eine Person gültig, die bis zu vier weitere Mitfahrer gegen einen geringen Aufpreis mitnehmen kann. Die Anzahl der Reisenden ist aber vor dem Ticketkauf festzulegen. Mit dem Baden-Württemberg-Ticket kann man von Montag bis Freitag ab neun Uhr alle Nahverkehrszüge im Ländle und bestimmter angrenzender Strecken nutzen. Das Ticket gilt auch am Wochenende, dann sogar ohne Zeitbeschränkung.

Schönes-Wochenende-Ticket

Das Ticket ist ideal für eine Fahrt durch mehrere Bundesländer am Wochenende (nicht an Feiertagen unter der Woche). Es gilt wie das Baden-Württemberg-Ticket in allen Nahverkehrszügen ohne Zeitbeschränkung jeweils Samstag oder Sonntag.

Quer-durchs-Land-Ticket

Ähnlich wie Schönes-Wochenende-Ticket gilt das Quer-durchs-Land-Ticket in allen Nahverkehrszügen in ganz Deutschland, allerdings nur Montag bis Freitag. Wie beim Baden-Württemberg-Ticket kann man damit ab neun Uhr auf Tour gehen. Es ist jeweils für eine Person gültig, die bis zu vier Mitfahrer mit dem Fahrschein mitnehmen kann. Ideal geeignet für Fahrten unter der Woche über mehrere Bundesländer hinweg.

Metropolticket

Durch neun Verkehrsverbünde kann man mit dem Metrolpolticket fahren. Es gilt im Verkehrs- und Tarifverbund Stuttgart (VVS), Heilbronner-Hohenloher-Haller Nahverkehr (HNV), Kreisverkehr Schwäbisch Hall, Ostalbmobil, Filsland Mobilitätsverbund, Verkehrsverbund Neckar-Alb-Donau (naldo), in der Verkehrsgesellschaft Freudenstadt (vgf), der Verkehrsgesellschaft Bäderkreis Calw (VGC) und im Verkehrsverbund Pforzheim-Enzkreis (VPE). Der Fahrschein ist für Einzelreisende wie auch für Gruppen   mit

Tagestickets
Der Bahnverkehr wird regional in Verkehrsverbünden organisiert. Jeder dieser Verkehrsverbünde hat günstige Tagestickets für Einzelreisende und Gruppen/Familien im Angebot. Die Angebote sind immer vor Ort an den Automaten zu bekommen

Die vorgestellten Fahrscheine gelten in allen Nahverkehrszügen. Das sind der Regionalexpress (RE), die Regionalbahn (RB) und S-Bahn und die Züge der Württembergischen Eisenbahngesellschaft (WEG), der Hohenzollerischen Landesbahn (HZL), der Südwestdeutschen Eisenbahngesellschaft (SWEG), der Schweizer Bundesbahnen (SBB), der Ortenau-S-Bahn (OSB), der Breisgau-S-Bahn (BSB).

ZÜGE Modernes Zugmaterial ist inzwischen zum Standard im öffentlichen Nahverkehr geworden. Moderne Doppelstockwagen oder spurtstarke Diesel- oder Elektrotriebwagen mit Niederflureinstieg erfreuen den Bahnreisenden.

FAHRRADBEFÖRDERUNG Wer möchte, kann sein Fahrrad im Nahverkehr und in vielen Fernverkehrszügen mitnehmen. In zahlreichen Verkehrsverbünden in Baden-Württemberg ist die Fahrradmitnahme außerhalb der Hauptverkehrszeit in den Zügen mittlerweile kostenlos. Im Regelfall ist für das Rad jedoch eine eigene Fahrradkarte erforderlich, die man am Automaten oder im Reisezentrum erhält. Zu beachten ist, dass die Fahrräder außerdem selbst in die Züge verladen werden müssen.

bis zu vier weiteren Mitfahrern erhältlich. Die zahlen dann jeweils nur einen kleinen Aufpreis. Gültig ist das Ticket von Montag bis Freitag ab neun Uhr und samstags, sonntags und an Feiertagen ohne zeitliche Einschränkung.

Streckenkarte zum Baden-Württemberg-Ticket

Herausgeber: DB Regio AG, Region Baden-Württemberg
Presselstraße 17, 70191 Stuttgart

Hinter den KULISSEN
der Museumsbahnen

DIE ANFÄNGE Als 1977 die letzten Dampfloks aus dem regulären Dienst bei der Deutschen Bundesbahn verschwanden, war der Strukturwandel vollzogen. Diejenigen Eisenbahnfahrzeuge, deren technische Entwicklungslinien bis in die Frühzeit dieses Verkehrsmittels reichten, waren endgültig von ihren modernen Nachfolgern in Gestalt von Diesel- und Elektrolokomotiven verdrängt. Die seit den 60er-Jahren erkennbare Situation war für einige Eisenbahninteressierte die Aufforderung zum Handeln. Um die Erinnerung an diesen wichtigen Teil unserer Industrie- und Verkehrsgeschichte zu bewahren, gründeten sich Vereinigungen auf ehrenamtlicher Basis, die durch den Erwerb ausgemusterter Fahrzeuge Sammlungen zur Eisenbahngeschichte aufbauten, die heute in ihrer Gesamtheit den Bestand der öffentlichen Institutionen weit übersteigen.

EINE MUSEUMSBAHN IST EINE RICHTIGE EISENBAHN Bis eine Museumsbahn oder ein Museumszug den Betrieb aufnehmen können, sind zahlreiche Hürden zu meistern: Angefangen beim ausgebildeten und geprüften Personal, über die betriebsbereiten und geprüften Fahrzeuge bis hin zur Bahnstrecke gibt es viele Auflagen zu erfüllen. Die Länderverkehrsministerien sind als Genehmigungs- und Aufsichtsbehörden für die Genehmigung und Überwachung der Eisenbahnen zuständig. Als oftmals eigene Eisenbahnunternehmen sind Museumsbahnen stets für die Sicherheit ihres Betriebes selbst verantwortlich. Egal, ob eine Organisation nur Fahrzeuge oder auch eine eigene Strecke betreibt, benötigt sie einen Betriebsleiter, der die Betriebssicherheit gegenüber den Mitarbeitern, Fahrgästen und Anwohnern zu verantworten hat. Bei der großen Verantwortung des Betriebsleiters sind die hohen Anforderungen nach einer umfangreichen fachlichen Ausbildung und menschlicher Eignung verständlich. Für den Betrieb der Bahnen gelten daher die selben Regeln und Anforderungen wie für jede andere Eisenbahn. Im Wesentlichen sind dies das Allgemeine Eisenbahngesetz (AEG) und die ergänzen-

Teure Angelegenheit: Sanierung eines Bahnübergangs.

Ohne schwere Geräte ist die Pflege der Strecke sehr schwierig.

den Gesetze der Bundesländer sowie die darauf beruhenden Verordnungen und Vorschriften. Mit der Bahnreform 1994 wurde die Möglichkeit geschaffen, auch ohne eigene Streckeninfrastruktur als Eisenbahnverkehrsunternehmen aktiv zu werden. Viele Museumsbahnen nutzen diese Möglichkeit und sind heute als Unternehmen selbstständig tätig. Vor der Bahnreform verkehrten diese Bahnen meist unter der Betriebsführung einer nichtbundeseigenen Eisenbahn, die wegen ihrer eigenen Strecke über die erforderliche Genehmigung verfügte. Die nichtbundeseigenen Bahnen, auch „Privatbahnen" genannt, waren Anfang der 80er-Jahre die Retter oder Geburtshelfer der jungen oder neugegründeten Museumsbahnen, da die Deutsche Bundesbahn mit dem Ende des regulären Dampfbetriebes ein Dampflokverbot auf ihren eigenen Strecken aussprach, das erst mit dem Jubiläum 150 Jahre Deutsche Eisenbahnen 1985 gelockert wurde.

DIE ARBEITEN HINTER DEN KULISSEN
Rund 400 aktive Museumsbahner gibt es in Baden-Württemberg. Neben den Aktiven haben die Vereine im Regelfall zwei Drittel passive Mitglieder, die sich fördernd für die Ziele einsetzen, sei es durch Lobbyarbeit oder finanzielle Zuwendungen. Die Vielfalt bei den Vereinigungen trägt dazu bei, dass für jeden Interessierten ein Arbeitsumfeld gefunden werden kann, in dem er sich einbringen kann.

Gleisbau!

VIEL GELD Nicht nur der ideelle und kulturhistorische Wert ganzer Eisenbahnsammlungen spielt eine bedeutende Rolle: Die reinen Unterhaltungskosten, wie zum Beispiel die Hauptuntersuchungen an Loks und Wagen, sind oftmals trotz des hohen Anteils an Eigenleistungen unbezahlbar. Eine Hauptuntersuchung einer Dampflok kostet ohne größere Reparaturen rund 200000 Euro. Diese Hauptuntersuchung ist alle acht Jahre verpflichtend. In den Jahren nach der Hauptuntersuchung müssen Rücklagen für die kommende Untersuchung gebildet werden. Oftmals ist das Einstellen von Rücklagen jedoch schwer, da die Sonderfahrten selbst gar nicht kos-

Austausch der Dampf- und Rauchrohre.

tendeckend durchgeführt werden können. Enorme finanzielle Belastungen treten auch im Gleisbau und bei der Unterhaltung einer Bahnstrecke auf: Einen Bahnübergang zu erneuern, kann mit bis zu 70000 Euro zu Buche schlagen. Diese Kosten versuchen die Bahnbetreiber durch Spenden und Unterstützung der Gebietskörperschaften und natürlich durch den Fahrkartenverkauf abzudecken. Leider versagt die DB AG im Regelfall ihre Unterstützung. Meist verdient die DB AG durch Gebühren für die Benutzung von Gleisen, Bahnhöfen und Drehscheiben sogar Geld mit den Nostalgiefahrten der Vereine. Eine alte Diesellok oder E-Lok von der DB AG zu erwerben, scheitert meistens an den Preisvorstellungen seitens der großen Bahn.

GLEISE, SCHWELLEN UND SCHOTTER: DIE INFRASTRUKTUR Genau so wichtig wie die Fahrzeuge selbst ist die Infrastruktur der Bahnen. Neben der Bahnstrecke von A nach B sind dies die Bahnanlagen an den Bahnhöfen mit Bahnsteig, Wasserkran und Bekohlungsmöglichkeit. Für die Restaurierung einer Dampflok ist eine Grube von Vorteil. Ebenso gehören natürlich Bahnhöfe, teilweise Brücken und eventuell Tunnel, Bahnübergänge und der Lokschuppen zur Infrastruktur der Bahn. All diese Anlagen müssen regelmäßig in Stand gehalten werden und werden auch von behördlicher Seite auf Mängel überprüft. Eine Bahnstrecke verschlingt neben viel Geld auch einiges an Aufwand für die Pflege, und sei es nur der jährliche Rückschnitt der Vegetation oder das Entfernen des Grasbewuchses. Bei Dampfbetrieb benötigt man entlang

Neubeblechung eines Schienenbusses.

der Strecke einen Brandschutzstreifen, der auch gemäht und gepflegt werden muss. Wichtig im Frühjahr bei der Schneeschmelze und im Herbst bei Hochwasser ist der ordnungsgemäße Zustand der Durchlässe und Abflüsse unter den Bahngleisen. Gleis- und Weichenbauarbeiten sind ohne schweres Baugerät kaum durchführbar und deshalb sehr teuer. Dazu gehören der Tausch von verfaulten Schwellen, abgefahrenen Gleisen oder die Reparatur einer Weiche. Schienenbagger und entsprechende Baufahrzeuge sind für die Unterhaltung einer Bahnstrecke notwendig und müssen auch finanziert und unterhalten werden.

LOKS UND WAGEN ODER WIE ES SO SCHÖN HEISST: DAS ROLLMATERIAL

Lokomotiven sind besonders wartungsintensiv, insbesondere, wenn sie nicht im täglichen Einsatz stehen und schon in die Jahre gekommen sind. Ersatzteile müssen zum Teil selbst angefertigt werden. Besonders wichtig ist die zuverlässige Funktion, wenn die Züge auf Strecken verkehren, die auch noch von regulären Bahnen befahren werden. Ein Liegenbleiben auf freier Strecke kann schnell sehr teuer werden, wenn eine Abschlepplokomotive benötigt wird oder eine Fahrt ganz abgesagt werden muss. Nicht zu kurz kommen sollten die Waggons hinter historischen Zugmaschinen. Historische Plattformwagen aus der Zeit der Jahrhundertwende mit Holzaufbau oder sogenannte Donnerbüchsen aus den 30er-Jahren sind sicher die passenden Fahrzeuge auf Nebenbahnen und sehr beliebt. Ohne „Balkonwagen" ist der Reiz einer Museumsbahnfahrt nur halb so groß.

Ebenso wie Dieselloks bei Triebfahrzeugen stehen die geschlossen Personenwagen wie auch die Güterwagen im Schatten der beliebten Plattformwagen und haben daher leider schlechtere Chancen, auf einer Museumsbahn zu überleben. Güterwagen finden sich zur Fahrrad- und Gepäckbeförderung in den Zügen wieder.

LEBENDIGE   EISENBAHNGESCHICHTE

Museumsbahnen sind Eisenbahnen zum Anfassen. Sie zeigen ihre Objekte nicht nur als starres Eisen in sterilen Hallen, sondern in Bewegung und Betrieb. Als Teil der Freizeit- und Kulturindustrie der modernen Gesellschaft erfüllen die Museumsbahnen im Wesentlichen drei Aufgaben: Sie bewahren einen wichtigen Teil unserer Industrie- und Verkehrsgeschichte. Sie bieten Menschen Raum für sinnvolles Engagement ohne finanziellen Anreiz und fördern damit die Bereitschaft zu ehrenamtlicher Arbeit, verbunden mit der Möglichkeit zum Erwerb neuer Fertigkeiten für den Einzelnen. Dies ist besonders für Jugendliche von Bedeutung. ⊠

DANKSAGUNG

Bedanken möchte ich mich bei allen Museumsbahnern und Eisenbahnern, die es ermöglichen, eine so vielfältige Bahnlandschaft im Ländle zu erhalten. Ohne sie würde es dieses Buch gar nicht geben.
Bedanken möchte ich mich aber auch ganz besonders bei den Kollegen in und außerhalb der Verlagsgruppe Bahn, die meine Texte gelesen, korrigiert und verbessert sowie viele aktuelle Fotos zur Verfügung gestellt haben.

BILDNACHWEIS

Bellingrodt, Carl (S. 32)
Dersch, Mathias (S. 6, 120, 122, 123, 124)
Ebinger, Albrecht (S. 37)
Eichler, Sascha (S. 75)
Freidank, Thomas (S. 77, 79 oben und unten)
Hackenjos, Andreas (S. 91, 149)
Haug, Oliver (S. 46)
Illgen, Andreas (S. 62)
Naber, Jens (S. 64, 67 oben, 69, 71 unten)
Ortlieb, Hannes (S. 11)
Pflüger, Fritz (S. 40, 43)
Powalka, Daniel (S. 4, 24)
Saarbourg, Daniel (S. 4, 136, 138, 139 unten, 140, 143 oben)
Scharch, Walter (S. 74)
Scherzinger, Moritz (S. 89, 98)
Siehler, Jochen (S. 36)
Suthe, Olaf (S. 156)
Wagner, Marco (S. 66, 68, 71 oben)
Wollny, Burkhard (S. 20)

QUELLENANGABEN

Ausgaben der Zeitschrift Bahn-Report, Rohr
Ausgaben der Zeitschrift DB mit Pfiff, Frankfurt am Main
Ausgaben der Zeitschrift MODELLEISENBAHNER, Fürstenfeldbruck
Ausgaben der Zeitschrift Schwäbische Heimat, Stuttgart
Beck, Bernd: Schwäbische Eisenbahn, Tübingen 1989
Bindewald, Klaus: Die Albtal-Verkehrs-Gesellschaft, Ubstadt 2007
Dr. Brüning, Rolf; Kolb, Raimund; Günzl, Bernhard: Bähnle, Öchsle, Hopfenexpress, Werl 2005
Dr. Bürnheim, Hermann: Die Württembergische Eisenbahngesellschaft WEG, Mammendorf 1986
Ebinger, Albrecht: Die Wieslauftalbahn, Stuttgart, 1998
Engl, Lutz; Walldorf, Botho; Kirchner, Thomas: Die Fahrzeuge der Museumszüge, GES Stuttgart, 1990
Estler, Thomas: Eisenbahn-Reiseführer Baden-Württemberg Band 1 und 2, Stuttgart, 1999
Eurovapor: Historische Dampfzüge auf der Kandertalbahn, Kandern 1991
Fleischer, Korbinian: Allzeit gute Reise, Biberach 2010
Fleischer, Korbinian: Rund um die Geislinger Steige, Erfurt 2011
Fiegenbaum, Wolfgang; Klee, Wolfgang: Abschied von der Schiene 1980 - 1990, Münster 1997
Gerber, Rainer: Die Achertalbahn 1898 - 1978, Inzlingen 1978
Hoch, Bernhard: 98 812, Mannheim 1984
IG WTB: Das Schicksal der Wutachtalbahn, Blumberg 1986
Kelberg, Waldemar: Die Trossinger Eisenbahn, Trossingen 1999
Klee, Wolfgang: EJ Württemberg Report, Band 1, Fürstenfeldbruck 1994
Knupfer, Hans-Joachim: Das Alb-Bähnle, Leonberg 1993
Kobschätzky, Hans: Die Württembergischen Staatseisenbahnen, Stuttgart 1980
Kopfmann, Michael: Die Geschichte der Kandertalbahn, Haltingen 2012
Kuchinke, Stephan : MAN-Schienenbusse, Nürtingen 2001
Lauscher, Stefan: Die Diesellokomotiven der Wehrmacht, Korschenbroich 1998
Maedel, Karl-Ernst: Bekenntnisse eines Eisenbahnnarren, 2.Auflage, Stuttgart 1997
Müller, Ullrich: Die Wutachtalbahn, Grenzach 1981
Ranger, Jürgen: Museumslokomotive 12, Schweinfurt 2003
Dr. Räntzsch, Andreas: Schmalspurig übers Härtsfeld, Schweinfurt 1993
Scharf, Wolfgang /Wollny, Burkhard: Die Höllentalbahn, Freiburg 1987
Scharf, Wolfgang: Die Eisenbahn am Hochrhein Bd. 1-3, Freiburg 1993
Scherer, Thomas; Schumacher, Wolfgang; Stubenrauch, Ingrid: Das Öchsle, Freiburg 1988
Schweers, Hans; Wall Henning: Eisenbahnatlas Deutschland, Köln 2013
Dr. Seidel, Kurt: Brücke zum Härtsfeld, Schwäbisch Gmünd 1962
Dr. Seidel, Kurt: Die Remsbahn. Stuttgart 1987
Dr. Seidel, Kurt; Mühl, Albert: Die Königlich Württembergischen Staatseisenbahnen. Stuttgart/Aalen, 1970
Sickert, Heinz: Hauptbahnen in der Bundesrepublik Deutschland 1970 - 1982, Stuttgart 1983
Stadtarchiv Nürtingen: Nach Neuffen alles einsteigen, Nürtingen 2000
Urban, Eberhard; Müller-Urban, Kristiane: Museumseisenbahnen in Deutschland, München 1999
Wolff, Gerd: Deutsche Klein- und Privatbahnen: Baden, Freiburg 1993
Wolff, Gerd: Deutsche Klein- und Privatbahnen: Württemberg, Freiburg 1992
Zeitung Blickpunkt Bahn, Frankfurt am Main